对《了解自己，了解他们》的赞誉

"我在香港的国际九型人格协会会议上参加了特雷西的演讲。我真的非常喜欢她的素材和方法，现在更是发现这本由她和玛格丽特、杰奎所写的《了解自己，了解他们》是一本有用且可读的书籍。作者帮助父母们去探索并理解他们养育风格中的优势与劣势，提供了解锁他们孩子潜力的九把钥匙——适用于所有九个类型。我相信父母们会发现书中提及的洞见和意见是极富启发的，我也确信他们的孩子会因为父母阅读了这本书而备受慰藉。"

杰瑞·瓦格纳博士，《世界的九面棱镜：九型透镜》作者

"最好九型书籍，是由那些有着丰富的知识，把九型运用在真实的人身上的人所撰写的。特雷西·特里西德、玛格丽特·洛夫特斯和杰奎·波洛克共同撰写的《了解自己，了解他们》正是这样的一本书。基于他们和父母、家庭进行的大量工作，作者们为九个类型的父母们提供了可操作、有效的建议，以及九把释放孩子潜力的钥匙。这本书将能够帮助到家长们，让他们带着所有的爱、觉察和能力去抚养孩子，这是神圣工作的果实。"

彼得·奥汉拉罕，《身心九型手册》作者

"对于父母以及与孩子相处的成人来说，《了解自己，了解他们》给我们带来了实际、有用和突破性的工作方法。不论你是否熟悉九型人格，这本书都将让你获益匪浅。感谢你们三人在这份卓越作品上付出的心血。"

戴维·丹尼尔斯，临床医学博士，斯坦福医学院名誉教授，九型界先锋人物

对《了解自己，了解他们》的赞誉

"每位父母都需要赶快把这本书入手！这是一本讲述"成长型养育策略"的书——能够轻松地把所学的知识运用在孩子身上，并与儿童、少年、青年保持连接！好棒！"

黛安娜·斯特林，《像教练一样养育的方法》作者

"我们终于有一本九型教育的书了，帮助我们有效地改善养育方式，当很多父母认真对待每个类型章节后面推荐的练习时，都会在这本书中找到宝贵的洞见。"

玛格丽特·史密斯，《集体繁荣、智慧、金钱的九个法则：从恐惧到爱——运用九型来创建财富、繁荣与爱》作者

了解自己

了解他们

了解自己
了解他们

啊哈！

通过发现你的九型人格
了解你的养育个性

特雷西·特里西德
Tracy Tresidder

玛格丽特·洛夫特斯
Margaret Loftus

杰奎·波洛克
Jacqui Pollock

MONTEREY
PRESS

First published in 2014
2014年首版
by Monterey Press
蒙特利出版社出版

Author contact: tracy@tracytresidder.com
作者联系方式：   tracy@tracytresidder.com
Website: www.knowingmeknowingthem.com
网站：   www.knowingmeknowingthem.com

National Library of Australia Cataloguing-in-Publication entry:
澳大利亚国家图书馆编目出版物：

Author: Tresidder, Tracy, author.
作者：   特里西德 特雷西，作者。

Title: Knowing me, knowing them : understand your parenting personality by
                 discovering the Enneagram /Chinese edition/ Tracy Tresidder, Margaret Loftus,
                 Jacqui Pollock.
标题：   了解自己，了解他们：通过发现你的九型人格，了解你的养育个性/中文版/特
                 雷西·特里西德，玛格丽特·洛夫特斯，杰奎·波洛克。

ISBN: 9780648116349 (paperback)
ISBN: 9780648116349 （平装本）

Subjects: Personality assessment.
主题：   人格评估。
                 Parenting--Psychological aspects.
                 育儿——心理方面。
                 Parents--Psychology.
                 家长——心理学。
                 Emotional intelligence.
                 情绪智力。

Other Authors/Contributors:
其他作者/贡献者：

                 Loftus, Margaret, author.
                 洛夫特斯 玛格丽特，作者。
                 Pollock, Jacqui, author.
                 波洛克 杰奎，作者。

Dewey Number: 155.646
杜威编码：   155.646

A catalogue record for this book is available from the National Library of Australia

我们将此书谨献给所有父母、祖父母、老师
及其他做着世界上最伟大的事情
——让孩子极力绽放的人。

前言

金杰·拉皮德-博格达博士

Ginger Lapid-Bodga

成为父母是一份不需要执照、不需要培训，而且在18年后也不会结束的世界上最重要的工作，《了解自己，了解他们》揭开这份高压力及高回报工作的奥秘，我希望它会广泛流传于所有爱他们的孩子，希望孩子们获得圆满，成为对一个高产、有意识的社会做出贡献的人的父母和祖父母中。

当我阅读这份对养育与九型的新文献时，明显体会到作者撰写时带着谨慎和智慧。对从未做过父母的人，养育似乎很简单，写关于养育的内容似乎很容易，但尝试过后，就不会这么认为了。显然，本书的三位作者——特雷西、玛格丽特和杰奎在养育之路上有着清晰的方向，领悟到其中有价值的教训，也能够把在养育过程中的学习收获与九型的知识相结合起来，是值得我们借鉴的宝贵经验。

如今，这本书会成为我向所有询问我如何运用九型来成为更好的家长，同时也成为一个更好的人所推荐的"必读物"。

金杰·拉皮德-博格达博士是国际九型导师，曾撰写过四本有关九型的书籍：《在工作中找到你最好的一面》、《九型人格与领导力》、《教练的每个人让他们做到最好》以及《九型发展指导》

致谢

在我们的认识里，经过这些年作为养育教练而与专家、老师、家长、青少年共事，这个主题已经被大大深化、强化了。

没有这些卓越的人的帮助，本书是不可能完成的。我们尤其感谢智慧、经历丰富的九型老师们：戴维·丹尼尔斯、彼得·奥汉拉罕、金杰·拉皮德-博格达、拉斯·赫德森、理查德·洛尔、杰瑞·瓦格纳和罗克珊·豪-墨菲，除了我们向你们学习的一切之外，还感谢你们做出的评价与反馈。一份特殊的感谢献给金杰，在内容方面帮助并指导了我们。也感谢玛格丽特·史密斯指导我们把"九把钥匙"带到生活中。

书中的内容也是受到《九型让一切变得简单》作者伊丽莎白的启发，里面轻松却不乏深度的内容激励了我们去写一本关于养育的好玩、有料、有帮助的书。

我们也想要感谢我们的编辑，大卫·布鲁斯特，同时与三位作者共事的他非常有帮助，及有耐性地指出可以进步的地方！我们神奇的插图家，阿达姆·隆，他在插画时非凡的创意与技巧把每个九型类型从文字里带到了生活中。我们的排版员苏·巴尔塞，他仔细、有创意的眼睛为我们编出了精彩绝伦的终版。费莱切·罗斯，我们的美编，神奇的整合出这卓越的封面。

幕后还有很多同事和朋友在许许多多方面给予了我们大量的支持。尤其感谢詹姆斯·罗比特在那个头脑风暴的夜晚和我们一同想出了书名。

最后，没有家人们的帮助这本书也无法完成，感谢特雷西的丈夫麦克、儿子亚当和本，感谢他们一路陪伴着这本书的创作。感谢你们的鼓舞。还有玛格丽特的家人——丈夫彼特和孩子们：乔治、乔纳森，感谢在创作本书中遇到挑战是你们的热情支持。杰奎的家人——父母拉斯和黛就，丈夫杰克和孩子们佐伊、弗莱德，感谢他们的启发和鼓舞，和杰奎一同参与到工作中，跟随她的激情共同与我们创作本书。

目录

引 言

"我创造了他——他拥有我的基因，但为什么他和我那么不一样呢？"

听起来熟悉吗？

或者可能你听到自己说的是，"她就像我一样"，或者"这听起来就像我妈妈说的话。"

每个父母总是对他们孩子的性格感到异常地好奇，尤其是在孩子和父母的性格有着天壤之别的时候，这份好奇已经在父母的心中存留了几个世纪了。几代人下来我们都在思考"先天"与"后天"的问题：我们的孩子是先天"生下来就那个样"的，但后天抚养、出生顺序、环境、学校有多少程度上影响了他们性格的发展呢？

研究清楚指出先天与后天共同构成了孩子独一无二的性格。在后天方面，父母之间的互动扮演着很重要的角色，这些互动和父母的性格及孩子的性格都有着莫大关系。不幸的是，很多父母对他们自己的性格都知之甚少，他们很少觉察到自己习惯性的行为以及这些行为会如何影响他人，尤其是他们的孩子。

作为父母，对我们自己的性格有良好的认识，了解我们的行为会给孩子带来什么样的积极或者消极的影响，这对让孩子茁壮成长是至关重要的。更多的觉察会带来更多的灵活性，在面对养育中的挑战时我们也有更多的选择。

这也就是这本书出现的理由。

当初我们之所以着手于撰写这本书，是因为我们看到有成千上万的养育类书籍，而其中大部分都将父母的性格类型假设为同一类。就算做出区分的书籍中，往往也是归类为"命令型"、"温柔型"和"拯救型"——而且给出的建议往往也是以偏概全。

必须要指出，这并没有那么简单。

父母，是我们所扮演的最具挑战，最有趣，最有压力也是回报最大的角色之一。它是我们做过最困难的工作之一，并且我们也会对自己如何扮演好这个角色有着极高的期待。再者，如今的父母所面对的多种挑战和前几代人是非常不同的，包括网络生活的入侵与干扰，生活在一个快节奏，闲暇少的时代里以及永不停歇的市场经济带来的越来越多竞争、物质主义。

要在这个世界上成为高效的父母，我们需要有能力去更加深入地质疑我们的养育风格，而非一些简单的问题，比如"我很严厉吗？"或者"我是否对他太放纵了？"我们需要超越这种我与他人的比较。在这个不断变化的世界中培养富足的家庭，需要我们拥有新的技能，知识以及更高的自我觉察。

我们想要在这段讲解中给你们带来一个新的视角。

我们想要向你介绍九种不同的养育风格，帮助你识别出自己的风格，接着针对每一种性格类型来探索不同的养育观念，展示出它们的优势与挑战，它压力的源头，以及每种性格类型的父母如何能够最大化他们的幸福感。我们将会展示你独特的性格"口味"是如何在扮演父母角色中运作的——好的方式以及不太好的方式。最后，不论孩子的性格是什么，我们将给你一些如何让孩子成为最好的自己的想法。

我们的期望是，在读完《了解自己，了解他们》之后，你能够发现自己可以更好地承担为人父母的责任，更加接受你是谁。你会对自己的思维、情感和行为有更多的觉察。重点是，它会帮助你少花些时间来担心、评判你养育孩子的方式，更多地享受抚养孩子这份奇妙而转瞬即逝的体验。

我们的目的是当你在阅读《了解自己，了解他们》的时候，发出"啊"的感叹，会觉得与阅读其他书籍不一样。

不论你是准父母或者在抚养婴儿、少儿、青少年或少年——开始了解你自己并探索你的性格，让自己成为最好的父母都为时不晚。

我们期待着你在阅读时发出的感叹。

玛格丽特（Margaret）、杰奎（Jacqui）和特雷西（Tracy）

如何使用这本书

九型人格(Enneagram) 是本书的基础和结构——一个标示了九种人格类型的几何图形，人格类型包括思维、情感、行为的模式以及它们之间的关系。在后文中你会阅读到更多关于九型的内容，它的历史以及它如何被运用于提高自我觉察。

> "我们看到的事物并不是他们本来的样子，只是我们内心的反射。"
> ——阿内丝·尼恩

接着我们会带领你经过三个设计好的步骤来增加你的觉知——你的人格类型、类型对你养育风格的影响，如何运用这些知识来提高你的自我觉察，更高效地和孩子连接，让他们尽其所能去绽放。

第一步：**发现**你的九型人格类型

第二步：**探索**你的类型如何影响你的养育风格，以及如何运用九型来成长

第三步：运用额外的资源来帮助孩子**释放**潜力

第一步：发现你的九型人格类型

我们将要开始帮助你发现你的九型人格类型。知道类型能够从根本上理解你的人格是如何影响你的养育风格，为什么你在特定的情形下会起反应，为什么他人在同样的情形下会有不同的反应。最终我会帮助你在整个家庭中建构更深入的连接。

发现你的人格类型会帮你探索到更多核心性格特质并提高自我觉察。九型并非把你"装到盒子里"，"贴上标签"，九型人格会帮助你更好的了解你的动机以及你家人的动机。九型所做的，是把你从盒子里放出来。

我们会提供不同方法来找到你的性格类型。不论你使用哪种方法，都需要留意你可能需要花一段时间才能够找到自己正确的类型，也可能很快就能发现一个非常典型的类型符合你。同样，也可能会发现有三四个类型可能是你。这种情况下，我们建议你在第二步中细化的章节里多了解一些——在第二步的内容中你应该会找到一两个类型比起其他类型更让你感受到共鸣。要有耐心：发现你的类型是一个自我探索的过程往往是需要花一些时间。

第二步：探索你的类型如何影响你的养育风格，以及如何运用九型来成长

与你所读的其他养育类书籍不同，那些书籍中给出的建议与提醒往往没有考虑到不同家长有着不同的性格模式。本书会根据你的性格类型而给出深入且详细的建议。

从第一步中获得一些对你九型类型的最初认识之后，在第二步里，你将会探索到一些与自己性格类型相关的养育特点。你会发现在这个部分里每一个类型都有单独的章节。阅读自己类型的章节，你会发现：

· 你的类型会如何对孩子产生积极的影响
· 你的类型会如何对孩子产生负面的影响
· 什么让父母感到有压力？
· 什么能够加强你的自我超越？
· 支持你发展成长的养育策略的建议和方法

通过对其他类型章节的阅读，你能够用自己的风格与其他类型作对比。在阅读这些章节时，你会体会到一些思维模式或者行为。如果在第一步中没有确定一个类型，这时你的选择范围将会缩小。它也会让你看到在不同情形下，如何表达其他类型的元素（我们稍后会解释这点）。

第三步：释放你孩子的潜力

在有着高度自我超越并且理解如何让孩子绽放的家长的支持与指引下，每个孩子都有机会去成为他们最好的自己。第一步和第二步的内容会把你带到这条道路上。

在第三步，我们将会走得更远。每个人都是一个复杂系统中的一部分，就像九型认为我们每个人的内在都包含有九个类型的原则，至少也有一点点。在第三步中我们会把这个理念运用到孩子身上。我们会分享释放孩子潜能的九把钥匙，尽管孩子都有着他们独特发展中的性格，但他们都能够发展为自信、有同情心、勇敢的人。

九型的背景和历史

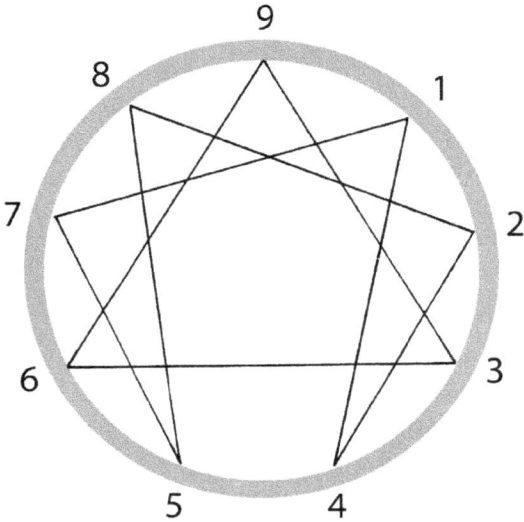

　　"enneagram"这个词本身是希腊语，意思是有九个尖角的图形或者符号。与人格类型相联系，九型是研究人类不同动机的一个系统，确定出九种不同的人格类型。每个类型都被赋予从一到九的一个号码。这九个类型以及它们之间的联系通过九型图显示出来，每个类型占据一个尖角。箭头相连接的不同类型代表了其与自己、他人和世界相处的策略和资源点上的差异（后文中会作解释）。

　　一般来说，我们身上都会含有每个类型的一部分特质，而通常有一个类型是占主导的。每个类型的人格有从其内隐的、深化的、内在的动机或者世界观而产生的思维模式、情感和行为。我们主导的九型类型一生都不会发生改变，但是呈现出来的特质会随着我们的成长与发展而变得更加微弱或者更加强烈。

　　九型人格学说的起源是神秘的，也是备受争议的。九型的元素以及相关的心理灵性成长的教学在世界上很多主要的神秘灵性传统中都可以找到，比如基督教密宗、印度教、犹太教、佛教和苏菲教。

　　目前的发现表明九型图最先引起现代社会的注意是通过俄国人葛吉

夫——19世纪灵性工作学校的发起人。玻利维亚的奥斯卡·依察诺把不同的人格类型加在图形的九个尖角上，创建了我们今天学习到的九型人格学。

出生于智利，在美国学习的心理学家克劳迪奥·纳兰霍扩展了九型人格的理论，追随依察诺学习并发展了后来的教学体系，用西方心理学的方式描述了九种类型。接着，在20世纪70年代，纳兰霍把他对九型系统的理解带到了加州大学伯克利分校，在那里他将自己的自我发展理论教授给学生们。

现在九型的应用融合了很多其他学者更进一步的发展，包括海伦·帕尔默、戴维·丹尼尔斯、唐·里索、拉斯·赫德森和杰里·瓦格纳。他们在80年代后期到90年代早期期间出版了第一批关于九型的书籍，被广泛传播阅读。

最好的理解九型的方式就是练习识别出你自己的类型和它主导的特质。这样你将会开始认识到你的类型和其他类型的差别并开始明晰你的头脑是如何工作的，你心里的感受和你身体的体验，让我们先开始看看九个类型吧。

九个类型

下面是对九种九型人格类型的概括性描述。

在这些描述中我们会谈及发展的层级，或者叫"自我发展"。我们意在指出自我觉察的发展争睹。在较低的自我发展程度中，我们倾向于用低效的行为对消极的情形作出反应。而在更高层级的自我发展中，我们在同样的情形下会做出更加高效、灵活的回应。我们会发现不同时候，我们会用低、中、高程度的自我发展的方式来反应。我们也可以用"觉醒警钟"这个词，它是提醒我们在下降到更低层级的自我发展程度的线索（参见里索&赫德森1999年书籍，第80页）。在日常生活中运用九型人格最强大的方式就是变得对于你类型相关的主要觉醒警钟有所觉察。

第一型：完美主义者及组织者

有原则、理想主义的类型。一号是有道德的、谨慎的，有着一种强烈的对错感。他们是老师、是十字东征军，总是努力改善事物，但也害怕犯错误。同样也是有组织、有秩序的，有时候会变得苛求，一号想要保持高标准，但也会陷入批判以及完美主义中。

高度发展： 一号是智慧、有洞察力、现实主义、高尚的，也是道德上的英雄。

低度发展： 他们容易有压抑愤怒和不耐烦的问题。

觉醒警钟： 感到有一种个人的义务感，要去修复一切。

第二型：助人者及给予者

关怀他人、支持性的类型。二号是有同理心、真挚、温暖的。他们对人友好、慷慨和有自我牺牲精神，但也会变得多愁善感、阿谀奉承、取悦他人。他们渴望与他人亲近，时常为了被需要而为他人做些事情。

高度发展： 二号是无私的、利他的，对自己和他人有着无条件的爱。

低度发展： 他们容易对照顾好自己以及知晓自己的需求有问题。

觉醒警钟： 相信自己一定要赢得他人的欢心。

第三型：成就者及激励者

高度适应、成功导向的类型。三号是自信的、有吸引力的、迷人的。野心勃勃、有能力，而且精力充沛。他们也会变得重视地位，高度渴求个人成就。三号常常关注他们的个人形象以及他人如何看待他们。

高度发展： 三号是自我接纳的、真实的，在各种领域里，他们都像模范人物一样激励着他人。

低度发展： 他们容易有工作狂、好竞争的问题。

觉醒警钟： 开始让自己为了地位或者获得注意力而努力。

第四型：创意型及个人主义者

有表达力、内省的类型。四号是自我觉知、敏感、矜持而安静的。他们自我揭露、情感真挚、个人化，但也会变得情绪化、自我主义。因为感受到脆弱和防御性而远离他人，他们也会对平常的生活方式感到蔑视，把自己区分开来。

高度发展： 四号是有灵感、极有创造力的，能够唤醒自己并转化他们的体验。

低度发展： 他们容易有自我放纵和自怜自哀的问题。

觉醒警钟： 让自己停留在那些想象出来的激烈情感中。

第五型 观察型及调查者

客观、理智的类型。五号是激烈、警觉、有洞察力、有好奇心的类型。他们能够专注在发展复杂的理念和技能上。独立而有创新精神，他们会陷到自己的想法和想象出来的观念中。

高度发展： 五号是视野开阔的开拓者，常常领先于他们的时代，能够用一种全新的方式看世界。

低度发展： 他们容易有隔离、古怪、虚无主义的问题。

觉醒警钟： 从现实中退缩到概念和思维世界中。

第六型 质疑者及忠诚者

忠诚、有安全意识的类型。六号是可靠的、努力工作的、负责的，但是他们也会变得防御性、推脱、非常焦虑——在抱怨压力的同时产生更多压力。他们常常是谨慎的、犹豫不决的，但也会是反应激烈、挑衅的、反叛的。

高度发展： 六号的内在变得稳定、自信、独立，充满勇气地支持弱者。

低度发展： 他们容易有自我怀疑和猜疑的问题。

觉醒警钟： 变得依赖自我之外的东西为指引。

第七型：热情者及享乐主义者

繁忙、高产的类型。四号是多才多艺、乐观、自发性的。他们爱玩、非常有生机而且注重实际，他们也会过于冒险、涣散、不守纪律。他们总是在寻找新鲜的、刺激的体验，但总是变来变去也会让他们心烦意乱、疲惫不堪。

高度发展： 七号把他们的天赋聚焦在有意义的目标上，变得喜悦、硕果累累并且对周边充满感激之情。

低度发展：他们容易有肤浅、冲动的问题。

觉醒警钟：感到其它地方有一些更好的东西。

第八型：自信的人及保护者

强大、有领导作风的类型。八号是自信的、强大的、有主见的。他们是保护性的、有着丰富的资源，果断，也会骄傲、刚愎自用。八号感到他们必须要控制周边的环境，常常变得有对峙性、挑衅。

高度发展：八号是高度自我发展的——他们运用自己的力量去改善他人的生活，变得英雄主义、有领导作风，有时候能够取得伟大的成就。

低度发展：他们容易有不允许自己与他人亲近的 问题。

觉醒警钟：感到他们必须推动并努力地让事情发生。

第九型：调停者及和平者

随和、低调的类型。九号是有外交手腕的、接纳性的、信任他人并且稳定。他们天性善良、慈悲为怀，有支持性，但也会为了保持平和而太过附和他人。他们想要一切都是平和的，没有冲突，有洋洋自得、最小化任何沮丧的事情的倾向。

高度发展：九号是顽强的，拥抱一切，他们能够把人们凝聚在一起，有弥合冲突的能力。

低度发展：他们容易有变得消极、固执的问题。

觉醒警钟：让自己表面上迎合他人。

第一步

发现你的人格类型

发现

如何找到你的九型类型

不同于其他的人格模型，确定你的九型人格类型不是从一份简单的测试问卷中就能找到的。事实上有很多这样的问卷，我们在这里为你提供三个选择。如果一份问卷并不能让你信服，至少能够帮你"缩小范围"。

注意以上没有哪个选项是可以确定你的九型类型的，在其他环节的讨论中也无法确定，尤其是涉及到养育风格的。目前我们最为关注的只有让你获得更多的自我觉察。接着我们能够把这份觉察有效地运用到第二步中。

发现

选项一：阅读第15页的九段陈述性说明。

选项二：在这个网站上跟随提示"免费测试"完成在线问卷：www.knowingmeknowingthem.com，

选项三：在智能手机上下载一个叫"认识你的类型"的应用，该应用由金杰·拉披得·博格达提供。适用于iOS（苹果）及安卓设备。你可以在手机的应用商店里下载或者参看www.enneagramapp.com。

"九种陈述性描述"测试

下文的九个段落描述了九种不同的世界观。没有哪种会比另一种更好或者更坏。每个段落都是对一种九型人格类型的"快照"，描述了一种类型的人倾向于如何认知这个世界，他们的注意力的方向，主导的头脑及情感基线，主要的偏见和积极的特质。没有那个段落是为了全面深入地描述某一个体的人格——将它们作为辨别你九型类型的开始。

说明：

1. 阅读下文的九段描述。

2. 反思下你所读到的内容，选择三个最接近你人格描述的段落。在每段中都能找到一些和你相关元素的情况也很常见，但你的目标是为了选择三段最像你的。

3. 在下方的表格中，按照与你最相像的程度将这个三个段落从1到3排名。在你排序的时候，把这些段落看做是一个整体，而非只考虑其中某个句子。问问自己，"这个段落整体描述的内容是否比其他段落都更符合我？"

如果你觉得找到三个最为符合你的段落有困难，你可以想想让那些和你亲近的人描述你的时候会如果选择。如果你有做过一些个人发展的工作，你可能会需要考虑下你开始个人发展工作之前，你二十多岁时的样子，那个时候人格模式往往是最为突出的。

当你阅读下方描述的时候，思考下每个类型是如何在你身上呈现的，记得每个类型都有其天赋与挑战，没有哪个类型是更好的。

使用这个表格来记录最符合你的三个段落。我们会在这一章结束的部分里揭晓每段描述对应的九型类型，然后你就可以填写第三列的内容了。

	段落编号	九型类型
最像我的		
第二选择		
第三选择		

A段

我是个对强烈感受非常敏感的人。我会在真实的关系中感受到富饶与意义。当我感到深刻地连接时，以及寻觅我一生中都与我同行的情感连接时，我是最开心的。我沉浸在多种形式的艺术里——我对艺术的品味是精细与独特。我对每个人的感觉都不一样。我常常感到不被理解、孤独。我愿意去体验生命中悲伤的部分——事实上，对我来

说忧郁有着令人沉思的特质。我曾被批判说太过于敏感，过度放大我的情感——人们只是不理解我，可能觉得我太过戏剧化。我对欣赏当下的感情有困难，因为我倾向于想要那些遥远的、无法拥有的东西。我时而会想，为什么其他人的情感关系都比我更好，为什么他们的生活都比我更快乐。我是有创意且表达力强的人，觉得平凡是无聊的。

B段

我很善于帮助人们调节差异，因为我通常都能看到并且欣赏所有的观点。这种能看到各方面的优势与劣势的能力让我呈现出一种不评判性，但也会带来优柔寡断的时刻。相比对自己的觉知，这个倾向有时候会让我对他人的处境、日程以及对他们重要的事情有更多的觉察。我不喜欢冲突，需要很长的时间才能够直接表达出我的愤怒。当我这么做的时候，时常是爆发性的！我参与到很多的活动中，有时候参与在一项活动中的时候，我会忘记其他需要做的事情。我的注意力总是会被无关紧要或琐碎的事情分散，而我也会避开最重要的事情。我是随和的、讨人喜欢的，我寻求一种舒适、和谐的生活，也希望他人能够接纳我。

C段

我是负责任和努力工作的，总是努力提高改善自己以及身边的世界。我是有原则，有道德的人，我对自己有高标准，我也希望他人可以达到这个标准。我常常对把事情做正确有一种个人使命感，如果他人没有达到我的预期，我也会很快地批评他们。我会花很多精力来让自己不要犯错误。我寻求完美，而当我自己没有做到完美的时候会很失望。我可能会变得过度批判或者要求完美，但对我来说，忽视那些没有用正确方法完成的事情真的很难。我倾向于控制、压抑我的愤怒，我会为"自己是正确的，他人是错误的"想法找到证据，合理化他们，这会让我的身体、语气和行为显得紧绷和僵硬。

D段

我觉得为了在生命中获得成功，人必须要强大，知道如何保护自己。我的观点明确，精力充沛，有信心能够克服所有的障碍。我是果断的，而且有着良好的直觉和快速的反应。我相信这是一个艰险而不公的世界，我需要去保护无辜的人们，尤其是当不公正发生的时候，然而我也有向他人承认错误或缺点的问题。我是大度的，心胸开阔。我是那种不喜欢听废话的人，如果不同意那些所谓的权威，我会插手并控制场面。当我愤怒的时候很难不表现出来，有时候一次情绪的爆发会把人们吓跑。我会表现出大而不倒的、十足的自信，但这是我的致命弱点。我也有温柔及有同情心的一面，但通常不会表现出来，以防被利用。

E段

我是个很繁忙的人，有很多事情要去做。我通常都会事情多到没有时间做。我受一种成功和获得成就的需要驱动着。把我做的事情做到最好对我来说是非常重要的。因为我是结果导向的，一般我设定了目标就会实现。人们因为我的成就而认可我。我强烈地认同于我做的事情——因为我相信你是谁，你是做什么的？这是很重要的问题——人们看重你是因为你所达成的成就。当我特别忙的时候，我可能会把感受和自我反省放在一边，以便把事情做完。让我闲着什么也不干是很难的。我对哪些不善于利用我的时间或者他们时间的人会失去耐心。当某人完成项目或者任务太慢的时候，我就想要插手并接管过来。在任何情形下我都喜欢"高高在上"的感觉，让大家看到自信和成功的我。我不但是个优秀的竞争者，也是个很好的团队成员。

F段

我最大的优势就是有敏锐直接的头脑。当我想到有什么威胁到我的安全时，我的头脑就会高速运转。我通常都能够发觉到危险或者有害的东西，会想它真的发生了一样体验到恐惧。对待危险，我要么躲避，要么迎面而上；有时候我会毫不犹豫地开始行动，体验不到多少恐惧。我有一颗爱质疑的头脑，这让我能有一些敏锐洞见或者直觉。

我喜欢确定性，但我通常会怀疑或者质疑周边的人和事情，从他人提出的观念中看到弊端。我有着很好的、不落俗套的幽默感。信任他人对我来说是个核心问题，我时常会扫描身边的环境，判断下是否有危险会出现。我对权威满是猜疑，通常也不喜欢被视为权威。当我对某个人或者某个组织做出承诺，我会十分忠诚。我通常会很积极地支持弱势的一方，因为我会看到常规思维中的错误。

G段

我享受独处，不会担心只有一个人。事实上独处能让我有时间恢复体力并且获得更多知识。我有一颗清晰、客观的头脑，也是一位非常有洞察力的观察者。学习新的知识，理解生命是如何运作的，这些东西让我着迷。我不喜欢社交聚会，觉得说些没用的东西很烦。我客观地看待生命，也客观地看待所有生理、情感需求。我通过退缩来保存能量，有时候当我感到被侵扰的时候，也会愤怒地说一些讽刺的话。我理解事情是如何运作的，喜欢在我的兴趣里显得有能力，成为大师。我有着非常活跃的思维生活，当我独处的时候从不感到无聊。

H段

我最大的优势就是我能直觉性地知道他人的需求，即使我不认识他们。我是温暖、友好、慷慨的，会让人们感受到特别、被爱。我看重良好的关系，会很努力地去发展它们。我很难拒绝帮助他人或对他人的请求说不。接着我会被我答应的一切所淹没——我会花很多精力来照顾他人，可我却不怎么照顾自己。我难以直接开口寻求帮助，倾向于通过操纵他人来得到我想要的，但是当我感到自己所做的被视为理所当然，或者我的努力没有得到感激，我会变得很情绪化或者苛求。

I段

我是乐观及有自发性的人，我享受去做新鲜和有趣的事情。我的头脑非常活跃，快速地在不同想法之间跳来跳去——快到常常让他人跟不上。我喜欢想象如何才能让所有的点子都连接在一起，当我把看

似不相关的想法联系起来的时候我会很兴奋。我喜欢做让我感到有趣的事情，并且我有很多精力可以投注到它们身上。我渴望新想法的刺激。我喜欢开始项目的时候，做计划的时候，有很多有趣的想法还没有提出来的时候。我不喜欢没有奖励或者重复的工作。一旦我对某件事情感到没兴趣，就很难再继续下去了。如果有人让我低落，我喜欢把注意力转移到更加快乐的想法上。我喜欢让自己有所选择；不喜欢感到被限制或者被关起来。我是积极快乐的，我相信每个人都权利去拥有快乐的生活。

下面列出了上述段落描述对应的九型类型。在前文的表格中完成第三列。记得，如果你很难判断最符合你的类型，你还可以使用前文中提到的其他两种方法。

段落	九型类型
A段	4
B段	9
C段	1
D段	8
E段	3
F段	6
G段	5
H段	2
I段	7

发现

九型人格的层级

　　九型为我们提供了一系列的层级，比起定位在一个单一的类型上，我们得以更加深入地认识自己。详细地解释这些层级超越了本书的范围，但是对它有基础性的了解能够让你拥有更多的自我觉察，也能够帮助你在你和孩子之间发展成熟地相互尊重的关系。

　　请注意在辨别出你的九型类型之后，你可能会迫不及待地跳到下一步。如果你准备好更加细化地了解九型人格的话，还可以再回过头来看看这个部分。

九个类型与三个中心

　　九型的类型通常都基于对他们性格产生最主要影响的部分——或者说"中心"——以三元组的形式呈现：情感中心、思维中心或者本能中心。下文描述了类型基于其中心而呈现出来的共同特质以及该中心是如何影响这个类型的。

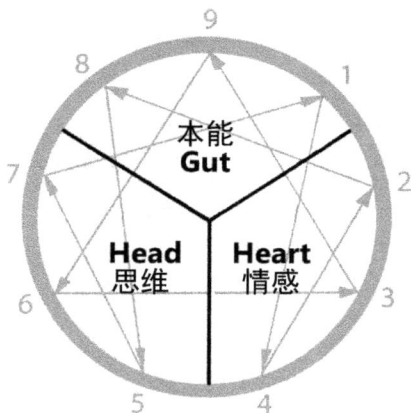

情感中心（或心中心）：第二、三、四型

　　九型里的情感中心或者心中心想要维护一个个人形象。这个中心的人想要他人用特定的方式回应他们，制造一种获得理想回应的形象。通过不断调整心情和对他人的感受，他们能够保持一种与他人有连接的感受。这三个类型都会对自身产生一种无价值感，即便外在表现出自信，他们还是会体验到空虚与悲伤。

　　二型——助人者及给予者。二号是关怀爱人，注重人际的类型，慷慨大方，对他人的感受很敏感。他们维护着一种有爱、无私的形象。

　　三型——成就者及激励者。三号是高度适应、成功导向的类型，很实际，有能力。他们想要被看到闪耀的一面。

　　四型——创意型及个人主义者。四号有着富饶而戏剧化的内心世界。他们很有创造力，能够与他人同理共鸣，也有着强烈地表达自己的需求。

思维中心（或脑中心）：第五、六、七型

　　九型里的思维中心或者脑中心想要找到一种内在的指引与支持。这个中心的人总是在思考，他们看重事实、信息和想法，寻求安全的方式来帮助他们处理恐惧和焦虑的感受。

　　五型——观察者及调查者。五号喜欢学习知识，获得天才般的洞见与理解。这会让他们感受到有能力。他们通过寻求隐秘，自给自足的方式来保护自己不被侵犯、要求。

　　六型——质疑者及忠诚者。六号是可靠的、努力的、负责任的类型，他们有能力对个人、集体或者项目忠贞不移。他们会留意到潜在的危险，为了感受到安全而对所有可能出现的情况做好准备。

　　七型——热情者及享乐主义者。七号是活跃的、热情的、高产的。他们有能力把快乐和积极带到所有生命场景中，通过计划积极的可能性来避免感受到不舒服的情感，比如痛苦、焦虑和无聊。

发现

本能中心或者腹中心：第八、九、一型

　　九型中的本能中心或者腹中心想要维护一种自我感与自主权。这个中心的人通过身体感官和本能直觉来过滤这个世界。他们关注力量与正义，想要掌控他们的世界不被控制，他们有一种潜藏的愤怒，通常不会向外发泄。

　　八型——自信者和保护者。八号表现出强壮和有力，有能力去面对一切需要面对的，直言需要说的话。他们能够轻松地表达愤怒。

　　九型——调解者及和平者。九号是适应环境、随和的。他们有能力把一种和平感、和谐感带到有压力、冲突的情形中。他们压抑自己的愤怒以避免感到有冲突。

　　一型——完美主义者及组织者。一号是有原则、理想主义的类型。他们有能力清晰地看到是什么让事情显得好、公正、正确、恰当。他们拒绝表达愤怒，因为他们认为这是性格缺陷。

发现

　　我们所有人，不管你是哪个类型，都会连接到这三个中心里。然而，有点像三角凳一样，我们的倾向就是不平衡，有一个中心会比其他两个更有力量——你类型所在的那个中心。我们的挑战就是去最大化我们成长的潜力，换言之，尽最大努力去发展三个中心，变得更加平衡。本书中会对这个观念有更加细化的解释。

类型变体：侧翼与连线

　　你的类型有着它独特的"口味"，对你也有着很多影响。包括你的文化价值，你的原生家庭以及你在成长时与养育者、保护者形象的关系。你的性格会受到你类型两侧的类型（称作'侧翼'）以及与你类型相连线的类型（称作'连线'/'箭头'）的影响。我们将在这里解释。

侧翼

　　与其他人格理论相比，九型的特点之一就是高度重视个性化。没有哪个人是单纯只有一个类型。我们所有人，或多或少地都会有其他类型的表现。（你可能在之前辨识类型的时候就有留意到没有哪个段落可以很好地、完整地描述你的性格面向。）九型中特别指出，我们独特的人格会在一定程度上受到九型图中你类型两侧的号码的影响。它们被称为'侧翼'。

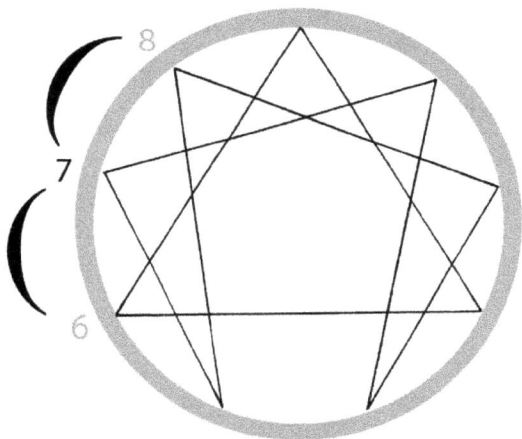

　　每一个九型类型都有两个可能的侧翼。在九型图中我们可以看到你类型的旁边各有一个类型——它们就是你潜在的侧翼。例如，如果你是第七型，你可能会有第六型或者第八型的侧翼。

　　有一个侧翼会是主导的。如果你在人格模式中找到了主导的侧翼。它会是帮助你认识你类型的优势和潜力的显著资源。当你知道了自己的主导类型，回到之前，再阅读下对你侧翼的描述：九型图中你类型两边的号码。例如，如果你是第九型，阅读第一步中对第八型和第一型的描述。当你注意到侧翼的描述中可能有一些你的特质时，其中一个可能会让你觉得更具主导性。

　　在第二步中，我们会提及每个类型受其侧翼的影响。这能让你对你的类型是如何影响你养育风格的有更多的理解。

连线/箭头

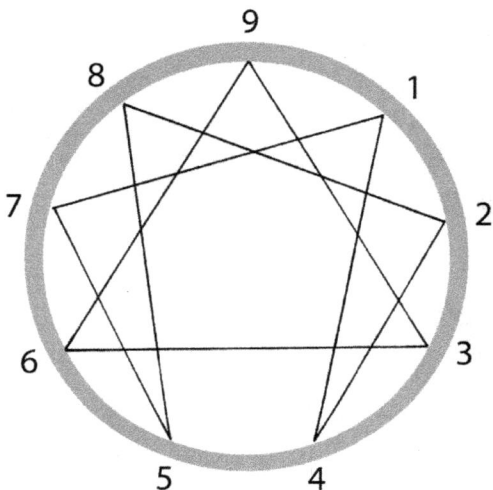

发现

　　九型人格的另一个特点就是，除了"把你装在盒子里"，它还告诉你，你是如何从盒子里走出来的。换句话说，它为你的个人成长与发展——我们称为提高你的"自我超越"——提供了重要的指导。提高你的自我超越意味着发展你的自我管理的能力、情感成熟性以及个人责任感。

　　对成长和发展的指引在九型图中通过连线和箭头指向呈现出来。在九型图的内部会看到你的类型与另外两个类型之间连有带着箭头的线段。例如，第七型有（指向）第一型的线段以及（被指向）第五型的线段。线段和箭头表示我们主导类型的行为会在某些特定的情形下呈现出典型变化，与我们类型有所不同的呈现。让我们来看看。

　　在有压力的情况下或者受压时（很多家长对此都很熟悉），人们往往会表现出箭头所指的类型的消极面向。换言之，七号开始表现出一些一号的消极特质。你可以这样测试一下：找到你类型连线指出去的类型——我们把它叫做"压力点"——阅读那个类型的描述，看看你能否从描述中看到一些当你处在压力下的表现。这种变化发生的频率与程度是对一个人自我超越层级的表示。低度的自我发展会导致能

量流失，行为失调，让你与幸福感失去连接（例如，你的行为呈现出压力点类型的表现）。这对你的关系会带来有害的影响。

例如，当第七型在受到压力的情况下，他们往往会表现出第一型的消极特质。他们会从乐观和创造力转变得批判和完美主义。

提高你的自我发展，一定程度上取决于你对自己人格更好地认识，它可以让你在可能向压力点移动时——还没有达到之前，就有更多的自我觉察。当呈现出压力点类型的消极特质时，你会开始意识到。带着这份觉察，你将会更有能力去处理挑战和压力，而不是转移到压力点上。

相反的情形是当我们感到特别安全或者放松的时候。这时我们倾向于表现出箭头指向我们的类型身上的一些积极特质——箭头从该类型指向我们的类型。我们认为那个类型的积极特质会开始让我们的主导类型感受到充能。同样的例子，第七型会开始表现出一些第五型身上的积极特质。我们把这个叫做我们类型的"安全点"。例如，第七型可能会慢下来，注意力更少分散而更多的聚焦、有中心。花些时间来深化自己的经历。同样的你可以通过阅读你类型的安全点的描述来检测一下。当我们移动到安全点的时候，通常都会感受到放松、愉快，因为我们感受到了这个类型的积极能量。随着我们自我发展的提升，我们能够让这种转化更容易，这也有助于我们的人格变得更加"整合"和完整。

由于我们在压力下会倾向于去到箭头指出的方向，在轻松的状态下倾向于去到箭头指向（我们类型）的方向，所以我们能够与我们类型相连接的两个类型相连接。随着不断地发展，我们能够利用这些资源来提高自我发展。

你在第二步中阅读关于你类型的章节时，有必要考虑到你类型在侧翼和安压状态间的变化与变动。这些都会在你感受到那些顺境逆境的时候提醒你——尤其是在养育过程中。

自我觉察与情感智慧

希望读到这里的时候，你对自己可能是哪一个类型已经有一些有理可依的想法了。我们希望你也能理解类型并不能被准确描述，也就是说我们每个人都在你的那个类型里代表着一个独特的视角，根据压力与安全的状态，我们也会在世界上呈现出不同类型。

有了这样的理念，你也就准备好开始自我觉察与情感智慧的旅程了。作为父母，你将会有大量的机会在这两个领域中发展你的能力。

自我觉察是对从你对现实直接的反应中退步回来，在你反应之前，观察你内在感受真实发生的意愿与能力。我们大部分人都会习惯性地对情形作出反应。例如，想象你的一个孩子把玩具放在大厅里，绊到你了，你会提高嗓门，孩子也会提高他们的声音，在你们还不知道的情况下，"交流"已经升级到了争吵，结果让你们都感到挫败、不开心。

当你的愤怒在这种情形下已经是通常的反应时，似乎就没有选择了。你可以学习去意识到自己的行为——比如吼叫是几乎无意识的习惯。你也会知道这些反应大多都是低效的回应方式：它们无法带来令人满意的积极结果。我们把这些叫做无意识、低效、"线下"的反应。下图列举了其中一些：

线上	支持 尊重 热情 接纳	认可 鼓励 关注/陪伴	赞赏 果断	承担你的个人责任
选择的路线				
线下	防卫 责备 操控 批判主义	否认 威胁 愤世嫉俗	评判 悲观	把责任推给他人

发现

26

　　然而，如果你练习在愤怒升起来或者其他线下的反应浮现的时候做次深呼吸，能够学会在这些反应表现出来之前意识到它们。这让你有时间思考，做出更好的选择，更有效的回应。看到玩具留在地上而感到愤怒是自然的，选择一种线上的方式来回应会是更有效的方式。每次你选择更有效的行为时，你都在更进一步地发展了你的自我管理。

　　情感智慧（有时被叫做情感智商或者情商），它意味着有能力识别、理解并管理我们自己和他人的情绪。在这些方面的提升能够建立自信，让你有更多积极、强大的自我价值感。情商帮助我们与他人连接，发展更多的同理心，因此也更有效。高情商的父母在孩子面前更临在，也会与孩子发展更稳固的关系，对他们产生更多的积极影响。

　　高度的自我觉察，加上对你的人格以及驱动你行为的动机有一份良好的理解，是发展情感智慧的基础。九型是帮助你获得这一切的良好工具。变得对是什么让你的性格类型反应、以特定的方式行为更有觉知——结合能够退步回来观察到底发生了什么的觉察力——你能够学会选择"线上"的行为，这对你而言也是最高效的——避免把你带离当下的"线下"行为。这在你经历压力，可能表现出最低效的行为时尤其重要。

类型与孩子

　　人类本性决定了我们会有想要把事物和数据分类的倾向——包括我们自己。作为父母，我们同样也会对自己好奇，想要知道自己的九型人格类型，而与此同时，我们会开始思考孩子们的九型人格类型。

　　我们再次强烈建议不要尝试去判断你们孩子的类型或是试图让孩子自己去探索他们的类型。我们这样建议有如下原因：

- · 孩子的人格正处在发展的阶段。成年人的人格是通过一个先天（与生俱来的）与后天（童年时期与成长环境的相互作用）的结合而形成的。我们身为父母的职责绝不是把孩子关到盒子里，而是支持他们，引导他们，帮助他们的性格在早期得以绽放并在成长

27

的过程中变得充实。

· 在过早的年龄阶段给性格分类容易导致刻板形象——事实上这会
变成一个对自我实现方向的限制。而且孩子的年龄太小，我们很
容易会误判，这将会变得很棘手。

· 不恰当地把类型知识应用在孩子身上会成为我们为自身行为找的
借口，或者成为责备他们行为的"根据"。

· 甚至对于年龄稍大一些的孩子（比如说青少年时期），这也是非
常关键的，他们理解九型人格的能力和他们如何应用九型人格于
心理及灵性发展都会对孩子的认知发展层级有影响。

除了上述的建议之外，值得铭记的是：你们首要的任务是建立起
你自己的自我觉察和内心认识。虽然例子很少，但我们还是要谦虚地
建议，不考虑孩子的类型，光是认识你自己也够你忙一阵的了！你能
做些什么来在建立自我觉察的同时支持你的孩子也去发展他们的自我
觉察。在本书的第三步中，我们将会介绍解锁孩子潜力的九把钥匙。

发 现

第二步

探索你的养育风格

探索

现在是激发你好奇心的时候了。到目前为止我们已经介绍了九型以及与之相关的很多理念，也帮助你找到了自己的九型类型，至少有两到三个可能的类型。

在这一步里，我们会探索基于我们类型的养育艺术。接下来的九个章节——每章对应一个类型。在这些章节里我们会描述：

· 你的类型会如何对孩子产生积极的影响
· 你的类型会如何对孩子产生负面的影响
· 是什么让作为父母的你感到有压力
· 什么能够加强这个类型父母的幸福感
· 支持这个类型家长成长的养育策略

我们建议你优先阅读你自己的类型（或者你选择出来的哪几种类型）。当你吸收了那个章节的内容后，可以再去探索其他的类型，也许从那些和你侧翼、箭头相连的类型开始。你可能也会在这些类型中看到一些你自己的思维和行为模式。比如，你可能会在你的压力点中看到一些行为，当你为人父母变得充满挑战的时候就会流露出来。那个章节中的一些建议可能就是你需要考虑的。

每个章节中都有一个重要的部分，就是标题为"成长的养育策略"的部分。就像俗话说的："如果你总是原地踏步，那你哪里也去不了！"你有很多用了多年的习惯和应对策略，这些都会在你的养育风格中呈现出来。改变是困难的，但是为了成长为合格的父母，强化你与孩子的关系，你需要找机会去体验不同的方法。一开始的时候，我们提供的建议和策略可能会让你感到不舒服，甚至低效，但带着耐性与好奇练习一段时间后，它们会帮助你提高你的情感智慧与自我发展——这是你所能送给孩子最好的礼物了。

探索

第一型父母

完美主义者及组织者

保持正确的
第一印象

"准时的问题就是没人会欣赏它。"
—— F.P.Jones

　　作为父母，第三型是繁忙并且有组织的。他们鼓励他们的家人要以目标为导向并且要积极主动。消极的一面是，他们会变得过度掌控、缺乏耐心，投入过多的注意力在成就上。作为父母，第一型渴望完美的世界。他们为了改善自己而勤奋工作并教育他们的孩子要有责任感和强烈的道德价值。消极的是，第一型会变得对自己和他人有非常强烈的批判性。

优势	挑战
高产	对自己和他人有很高的期待
有条不紊	不灵活，死板
力求高品质	对批判过度敏感
勤劳的	完美主义者
有自我纪律	批判自己和他人
改革者	审判性
维护正义	强迫性
诚实可靠	太过认真
清晰且直接	道德上的优越感
有原则	教条性
有道德	焦虑

第一型如何影响他们的孩子

作为第一型，你追求极致并且很努力地去成为好的家长。你会在一个有着诚信感和正直感的环境里抚养你的孩子。

保持正确的第一印象

雪莉在她做过的任何事情上都总是尽了最大的努力。让家庭做好对她来说很重要，他的孩子需要有礼貌、善良，她的家庭也需要表现出完美。她不停地跟随着孩子们以保证他们做了正确的事情，如果她看到任何错误就会纠正他们，甚至是可能出现的潜在错误。雪莉希望她的孩子可以茁壮成长并拥有成功的生活，要呈现出好的价值并且最基本的就是要做好人。雪莉也会有爱玩的一面。当她能够放松一点，不那么疯狂地让每件事情都"就那样"时，她是充满活力的，甚至是她和她的孩子都喜欢的那个调皮的雪莉。他们会玩各种各样的游戏，参加各种各样的体育运动，一起放声大笑，孩子似乎都忘记了她常常会纠正他们。

你的类型会如何对孩子产生积极的影响

你的类型作为父母会带来的积极影响包括：

· 作为一个认真负责的道德模范，你为家人灌输了诚信、正直、负责任的价值。

· 言行一致、公正，你会建立清晰的界限，对家庭也是可依靠的。

· 善于把事实结合起来，你能够拥有清晰地理解家庭挑战并且找到智慧的解决方案。

· 你非常在意成为一个好人，所以对你的孩子来说，你会是一个很好的模范。

· 你专注于自我提升，所以会激励你的孩子努力做到最好。

· 你关注细节，所以你的家庭会是井然有序的。

你的类型会如何对孩子产生负面的影响

第一型的父母会是刚直且严肃的，总是关注他们孩子的错误并且不停地试图改善他们。

作为第一型的父母，你对孩子带来的潜在的负面影响包括：

快一点，不然我们就会迟到。

?

- 你会对孩子有一些不太实际的期望，孩子几乎是不可能达到的。他们对无法达到你的高标准要么放弃要么会产生不足感。
- 当他人不为你的所作所为而欣赏你的时候你会感到沮丧。
- 你会很紧绷、焦虑，把事情看的太严肃。
- 你会非常固执己见，把很高的道德标准强加在孩子身上。
- 你会变得死板，非黑即白的思维模式，卡在固定流程或是细节要求中会阻碍你孩子的思维自由。
- 你不喜欢被他人批评，有可能会变得对家人有防卫性和批判性。

雪莉言行一致而且公平，她的孩子总是知道她的立场是什么，如果她说了什么都会是很认真的。一天雪莉告诉她的孩子，"如果你们把东西放在地板上并且在晚饭之前还没有收起来，那我会把它们都放在一个盒子里送给穷人——没有第二次机会！"猜猜怎么着？她的一个孩子没有听从雪莉，忘记把东西捡起来。他的东西都被送给了慈善机构。雪莉甚至让他和自己一起去商店里把东西送出去以便让他更加感恩于他曾经拥有过的（或者说现已失去的）。

是什么让作为父母的你感到有压力？

成为父母是让所有人都感到有压力的，但是对于第一型来说，养育中有一些方面会尤其加大他们的压力。这些方面包括：

· 因为一种有太多个人责任的感觉而感到负担过重
· 看到有很多的错误需要被纠正
· 无法让你内在的评判安静下来
· 你的孩子叛逆且不诚实
· 他人会让你失望或者没有做到他们说会做到的事情
· 他人没有询问你的意见就改变计划
· 家庭里混乱或者没规矩
· 对你自己或者你的家庭的批判主义

真是乱七八糟的！

雪莉对所有事情都做对的需求可能会适得其反。当雪莉要求把车停回去时没有做到的话，雪莉惩罚她儿子洗车。她出去检查的时候发现儿子做的很糟糕，她说，"噢，简直没救了，太离谱啦。我实在忍受不了你犯的错误了，快走开吧，我来弄。"儿子一边走开一边还笑着，他知道自己狡猾地避开了一件非常无聊的工作。

第一型的变体

箭头

正如我们在第一步中所说，九型图中的箭头指示了在某些特定情况下，我们的行为会和我们主型通常的行为有些什么不同。我们在压力状态下会向着我们的"压力点"迁移，而轻松状态下会使用到"安全点"中的资源。

通常，当第一型在压力状态下会呈现出第四型的一些负面特征，在感到安全时会呈现出一些第七型的积极特征。

1. 完美主义者

7
安全点

4 压力点

我们建议你阅读一下第四型和第七型开始的章节以及对优势和挑战的描述，以此来对你的压力和安全点有更多的了解。

侧翼

对于所有的类型，在你核心类型两侧的类型都会对你的行为风格有所影响。我们把他们叫做侧翼。

根据主导侧翼的不同，第一型父母的性格也会有所不同。

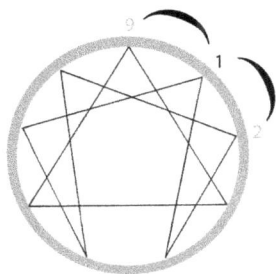

· 有第二型侧翼的第一型的倾向于稍许更外倾些，他们在一个公共场合中的道德价值也是一样。一方面他们想要取悦并更有帮助性，但是不好的一面是他们可能会更具批判性和控制性。

· 有第九型侧翼的第一型倾向于更加内倾，更加哲学性、放松、客观；比起外出布道来说他们更喜欢把他们的价值写下来。不好的一面是他们也可能会更加冷酷，更加分离。

怎样加强你的自我超越？

有一些练习可以帮助第一型减少一些低效的习惯并加强自我超越。保持这些习惯，你能够对自己更加有所觉察并做出更好的回应。这些对你所有的人际关系都是有好处的。

你想怎样来做这件事呢？

· 领会到条条大路通罗马。
· 接纳自己和他人的不完美。
· 练习忘记你自己并且放下那些评论。
· 给自己一些时间去做些你所享受的开心事。
· 能够自嘲。
· 学会识别并管理你的愤怒。

成长的养育策略

如上述所说，这个部分也许是本章中最重要的。挑战你自己去练习以下建议和策略会让作为家长的你得到成长。我们建议一开始时只尝试少量的策略。没有必要按照顺序去练习：从一个看上去容易一些的开始。试着在你和孩子交流互动的方式中建立它们。按照你的喜好，每周仅选择其中一条，留意到是什么影响了你和家人关系和交流方式的变化。

1. **暂停你的批评**：用善意或者亲近来替代总是要正确。练习温和谨慎的表达你的批判，这样你的孩子会感受到你无条件的爱他们。

2. **更灵活些**：试着不要对细节着迷。少些刻板并对自发性和自由保持开放。开始允许你的孩子自由地去做他们的决定并在可能的情况下支持他们。

3. **多些接纳**：意识到你可能会让他人感到自以为是或者道德上的优越感。你想要改善他人的欲望会让你的孩子感觉像是严厉的批评。不是每个人都会从一个高度的道德角度看待世界。学会允许你的孩子有发展他们自己最好的自我面向的空间——不论是什么样子的。练习询问他们的意见并鼓励讨论不同的意见。

4. **练习成为不完美的**：你的期待值会定在非常高的位置上，当你表现出失望时，你的孩子会觉得在你眼中他们是失败的。学会称赞他们付出的努力，即便他们可能并未到达你的高标准。练习在孩子面前表现出你也会偶尔犯错误。

5. **冷静地表达你的愤怒**：感到愤怒是正常的。学习不带抑制或者批评地体验你的愤怒。练习开放地、冷静地讨论你为什么会愤怒，用一种不责备你的孩子或者贬低他们自尊心或者自信心的方式来讨论。

6. **让自己拥有更多乐趣**：少些严肃和紧绷，表现你很好的幽默感，这样你的孩子便能感受到你轻松有趣的一面。

第二型父母

助人者及给予者

这是你最爱吃的。

第二型

> "不论你做什么，我都会爱你，
> 那你还需要做那么多吗？"
> ——琼·伊斯雷·克拉克

　　第二型的父母是非常温暖、予人以希望的；他们能够很好地聆听，也会开玩笑。然而有些时候，他们会变得过分关心其他人的需求，忧心忡忡。

优势	挑战
助人为乐	取悦他人
有爱	占有欲强
关爱他人	操纵
慷慨大度	嫉妒
予人以希望	过分亲密/侵扰他人
热情	自命不凡
适应性强	不直接
有同情心	因为被需要而感到骄傲
有同理心	假装受害者
善于滋养他人	过分讨好
考虑周全	脸皮薄

第二型如何影响他们的孩子

这是你最爱
吃的。

作为第二型的父母，你们是温暖、有爱的，对他们的孩子充满支持。你能觉知到孩子们真正的需求——他们会感到被爱，感到自己是特别的。

詹妮弗是个慷慨大度的人，常陪伴他人，愿意去支持、去爱别人，她也为之感到骄傲。对待她的孩子，她也享受做母亲的感觉，尤其是当孩子还很小的时候，因为她知道孩子们多么得需要她，也非常愿意为他们付出。詹妮弗似乎总可以知道她孩子的需求，就算他们没有说出口她也可以确保他们的需要得以满足。她在为她的家人付出的时候是充满能量的，而且也很享受倾听他们每天在学校里过得怎么样。

43

你的类型会如何对孩子产生积极的影响

你的类型为孩子带来的积极影响包括：

· 你的爱、养育和支持能够带给你孩子一种归属感和安全感。

· 你是善于社交的，很友好，有亲和力，这会感染到你的孩子。

· 你有很好的幽默感，享受和全家人开心的在一起。

· 你很自然地为他人付出，予以他们帮助，这会鼓励你孩子养成这些优点。

· 你对孩子的鼓励会提高他们的自信。

· 你对孩子的感受和需要有很好的直觉。

· 你是个善于用心倾听的人，并且能不带评判地倾听。

你的类型会如何对孩子产生负面的影响

作为第二型的父母，
你对孩子带来的潜在的负
面影响包括：

我可以自
己做。

· 你的保护和帮助有时
  会太过头，这会导致
  你的孩子太依赖你。

· 你有时候会感到焦
  虑，因为你除了予以帮助之外不知道如何和你的孩子连接。

· 你总是想要对人有帮助的欲望会让他人感到你在控制、操控他
  们。

· 你会脱离自己的需求，可能会让你身体和精神上被耗尽，只为家
  人留下一点点精力。

· 你难以表达消极情感，比如愤怒、失望，也难以面对你不喜欢的
  事情：你的孩子对你真实的感受感到困惑。

· 你通过过度称赞孩子来让他们喜欢上你的时候显得很不真诚。

· 你没有感到被感激时，你会把内疚感投射在你家人身上。

> 詹妮弗女儿贝姬的幼儿园老师建议道，她为她女儿做得
太多了，这会阻碍贝姬去发展她生活中的一些必要技能。詹妮
弗听到时很震惊，也有点愤怒。那段时间里，她试着从贝姬的
生活中退出来，让贝姬自己去把一些事情搞明白，但是在那之
前，她还是感到自己为贝姬做那些事情要比看着她努力容易得
多。对詹妮弗来说，一个真正的挑战是当贝姬对她说"我自己
能做"。詹妮弗感到害怕，她感到自己无法再在她女儿的生活
中拥有一席之地，这让她更加努力地去帮助贝姬。

是什么让作为父母的你感到有压力？

成为父母是让所有人都感到有压力的，但是对于第二型来说，养育中有一些方面会尤其加大他们的压力。这些方面包括：

- 当你的孩子不想要你的帮助时。
- 当你知道自己为他人做了很多，而没人在意，也没有被感激时。
- 当你感到被忽视以及没有被重视的时候。
- 担忧他人是如何看待你的时候。
- 因担心孩子会不喜欢你，而避免管教他们。
- 你会通过一直帮助他人的方式来让自己膨胀。
- 你所做的被认为是理所当然的。

> 当詹妮弗16岁的儿子哈利告诉她离他远一点，不要再插手他的生活时，她感到很伤心。她认为她只是表示关心，为她的孩子做一些他们不会为自己做的事情。她感到自己是他们生命中的一部分，她也花了数不清的时间和精力去帮助他们获取目标。如果她不能帮助他们，那她是谁？詹妮弗试着退开，但是不论她如何尝试，结果总是无止尽地搅进他们的生活中。
>
> 随着孩子长大，詹妮弗还是会为他们做很多。她仍然为他们做早餐、午餐和晚餐，为他们打扫房间、洗衣做饭，开车送他们。她偶尔会感到精疲力竭，但却从不承认自己需要帮助。似乎她的工作就是去满足身边人的需求，而花时间照顾自己就是自私的。

第二型的变体

箭头

正如我们在第一步中所说，九型图中的箭头指示了在某些特定情况下，我们的行为会和我们主型通常的行为有些什么不同。我们在压力状态下会向着我们的"压力点"迁移，而轻松状态下会使用到"安全点"中的资源。

通常，当第二型在压力状态下会呈现出第八型的一些负面特征，在感到安全时会呈现出一些第四型的积极特征。

我们建议你阅读一下第八型和第四型开始的章节以及对优势和挑战的描述，以此来对你的压力和安全点有更多的了解。

侧翼

对于所有的类型，在你核心类型两侧的类型都会对你的行为风格有所影响。我们把他们叫做你的侧翼。

根据主导侧翼的不同，第二型的父母的性格也会有所不同。

· 有第一型侧翼的第二型倾向于更加服务导向，理想主义、客观。至于消极面，你可能会过于想要成为"好的"，会对自己充满批评和评判。

· 有第三型侧翼的第二型倾向于更加成功导向，有自信，并且是形象导向的。然而消极的一面是你的野心会让你太过直接，竞争性太强。

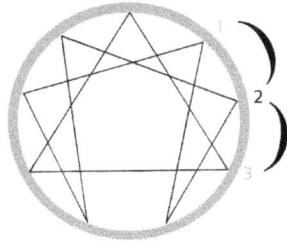

47

> "永远不要怀疑一小部分热心的民众能够改变世界。事实上，他们是唯一曾改变世界的人。"
>
> ——玛格丽特·米德

怎样加强你的自我超越？

有一些练习可以帮助第二型减少一些低效的习惯并加强自我超越。保持这些习惯，你能够对自己更加有所觉察并做出更好的回应。这些对你所有的人际关系都是有好处的。

· 有意识地去了解你自己的需求，照顾好自己。

· 留意下当你自认为知道孩子的需求，就闯入他们生活的情况。

· 允许你的孩子经历一些痛苦的体验，不要试着去拯救他们。

· 鼓励你的孩子变得独立。

· 发展你的个人爱好，这样你就可以从你孩子的生活中退出来。

· 更坚定、直接地表达你自己的需求。

成长的养育策略

如上述所说，这个部分也许是本章中最重要的。挑战你自己去练习以下建议和策略会让作为家长的你得到成长。我们建议一开始时只尝试少量的策略。没有必要按照顺序去练习：从一个看上去容易一些的开始。试着在你和孩子交流互动的方式中建立它们。按照你的喜好，每周仅选择其中一条，留意到是什么影响了你和家人关系和交流方式的变化。

1. **了解你自己的需求**：留意你的需求和想要的感受。学会照顾自己，不要为把自己放在第一位而感到内疚，这将提高你养育孩子的能力。你帮助他人的能力会因为你没有变得精疲力竭而更加高效。练习和家人诉说你的需要以及你的感受。

2. **鼓励你的孩子变得独立**：允许他们更多地照顾自己。练习等到他们开口寻求帮助了再动手，而不是在他们未开口之前就去帮助。

3. **支持，而非拯救**：认识到支持和拯救之间是有区别的。当孩子经历困境的时候予以支持是很好的。然而，试着从现实中拯救他们会剥夺他们发展自己应对策略的机会。询问他们需要怎么样的支持（不一定是从你这里得到的）。

4. **找到一些你真正喜欢做的事**：寻找除了帮助你的家人和其他人之外的兴趣。意识到你的价值除了通过帮助他人来实现之外，还可以来自其它地方。

5. **建立界限**：觉察你对孩子的过度纵容，避免设立界限以及避免他们承担责任。提防讨好他人。有一些争执是可以的：就算你有一些规则，孩子们还是会爱你的。

6. **探索你付出的意义**：留意一下你是否只帮助那些表达感激并且让你感觉好的人。也留意下你对不这样做的人的愤恨。对于第二型的父母，他们会有让孩子因为没有对他们表达感激或者表达爱的孩子感到内疚的倾向。学会无条件的付出。

7. **谨防奉承**：对你使用赞美时有所觉察。你有没有通过它们来操纵他人喜欢上你？你有没有使用奉承的方式来诱惑你的家人，博取他们的爱，让他们和你走的更近？练习做到真正地真实：对你真正想要的做到坦率而真挚。

第三型父母

成就者及激励者

"对于成功来说，最难的就是你必须得保持成功。"
——欧文·柏林

作为父母，第三型是繁忙且有组织的。他们鼓励他们的家人要以目标为导向并要积极主动。消极的一面是，他们会变得过度掌控、缺乏耐心，投入过多的注意力在成就上。

优势	挑战
自信	令人生畏
有组织性	不灵活
高效	工作狂
高能力	批判他人
乐观	不正式
精力充沛	缺乏耐性
目标导向	评判主义
有动力	多度竞争
勤奋	（对他人和自己）持有很高的期待
专注结果	过度关注形象
高产	自恋

成就者及
激励者

第三型如何影响他们的孩子

我可以在午餐时间抽空见你

作为第三型的父母，你的孩子会认为你是可靠的。他们知道当你在的时候，事情就会发生。你会鼓励他们去充分发挥他们的潜能。

卡尔是个非常主动，凡事都亲自动手的父亲：有实践性，有组织并且非常融入到孩子的生活中。他有五个孩子，而且他还想再要更多。卡尔的朋友总是对他能够有时间同时兼顾工作和家庭生活感到惊讶：他有一份高要求的工作，而且还是他儿子足球队的教练，学校家长中心的代表，他每周末还会组织有教育意义的家庭旅行，为每个人都安排了运动健身的活动——而且还很多。他就是喜欢和家人一起做点什么。没什么比一个充满各种各样活动的周末更能够满足他的了，也许在这之中还能加上几场体育竞技的胜利！

第三型

53

你的类型会如何对孩子产生积极的影响

这次演讲你一定会是最棒的！

你的类型为孩子带来的积极影响包括：

· 激励你的家庭专注于把事情做完——这会对可能有拖延症的孩子很有用。

· 你有同时处理多件任务的能力和精力；你的家庭日程是有组织的并且是内容丰富的，这是很有趣、很刺激的。

· 你很可靠，很忠诚，这会让你的孩子很放心。

· 你很乐观、友好、积极向上，会向你的孩子展示出弹性。

· 你很灵活，适应性强，这能帮助你的孩子变得更足智多谋。

· 你很自信，能和各种不同的人有连接，这能够帮助你的孩子提升适应性。

· 你拥有友好，有竞争力的特质，这能激励你的家人成功并做到最好。

成就者及
激励者

"

卡尔的家庭几乎不会无所事事或者浪费时间。家庭的高产性对他来说很重要；他不看好那些看太多电视或者让孩子消磨时光的家庭。他的一个孩子对这感到很恼怒，抱怨道他逼得太紧了，期待太多了。"他几乎不允许我们懒洋洋地放松一下——除非我们生病了。"

卡尔对帮助他的孩子制定目标以及如何激励他们努力并高效地达成目标感到高兴。他对孩子完成、获取的成就感到无比骄傲，看到他的家人有很多可享的成功是对卡尔最大的回报。他喜欢和其他家长分享他的孩子有多么优秀，多么快乐以及他们都是怎样做到最好的。他也喜欢在社交媒体上发布关于孩子获得的成就和活动以及他们所做的很多事的照片。

"

你的类型会如何对孩子产生负面的影响

第三型父母有过度安排他们的孩子去达成目标的倾向。你很容易因为孩子的低效和缺乏责任感而感到挫败。

作为第三型的父母，你对孩子带来的潜在的其他负面影响包括：

· 你可能会为孩子设定不切实际的高期望。

· 你会过度关注行动和达成目标，以至于你一直在东奔西跑而没有真正倾听你的孩子，这会让他们觉得你不在乎他们。当你的头脑处于多任务模式中时，你就无法给孩子所需要的关注。

· 你可能会显得很唐突。

· 你会因为做了太多而感到疲倦，这样会让你缺乏精力去享受和孩子们在一起。

· 当你的孩子们不像你所要求的那样高效时你会显得没有耐心。

· 如果你无法接受孩子按照他们自己的方式行事的话你会对孩子有很多批评。这可能会伤害到他们的自尊心。

· 你努力地避免消极的情景和失败，但是这样做会使得你错失帮助孩子从错误中学习的机会。

> 在卡尔孩子的青少年时期，他对其中一个缺乏抱负和动力的儿子失去了耐心，他的孩子是一个非常有天赋的篮球运动员，但却没有参加团队选拔，也没有听从父亲用心良苦的建议和激励。这让卡尔觉得很挫败，因为他认为他的孩子很犹豫不决、懒惰并且对释放全部的潜能没有兴趣。当卡尔慢下来时他能够恢复他的精力并享受和家人一起出去玩的乐趣而非始终保持忙碌的状态。背地里他的家人喜欢卡尔因运动受伤或者是生病，因为只有这样他才会停止忙来忙去，他们才能够放松下来。

是什么让作为父母的你感到有压力？

成为父母是让所有人都感到有压力的，但是对于第三型来说，养育中有一些方面会尤其加大他们的压力。这些方面包括：

· 当你看到其他父母比你更高的时候
· 当你的孩子忽略你关于如果有效率地做某些事情的好心建议时。
· 当你的孩子拖沓或者花太长时间去做某些事情或者做决定的时候
· 作为父母所表现出的优秀没有被看到时
· 当你的孩子没有在你认为他们为了释放潜力而需要的方面上努力时

第三型的变体

箭头

正如我们在第一步中所说，九型图中的箭头指示了在某些特定情况下，我们的行为会和我们主型通常的行为有些什么不同。我们在压力状态下会向着我们的"压力点"迁移，而轻松状态下会使用到"安全点"中的资源。

通常，当第三型在压力状态下会呈现出第九型的一些负面特征，在感到安全时会呈现出一些第六型的积极特征。

我们建议你阅读一下第九型和第六型开始的章节以及对优势和挑战的描述，以此来对你的压力和安全点有更多的了解。

侧翼

对于所有的类型，在你核心类型两侧的类型都会对你的行为风格有所影响。我们把他们叫做你的侧翼。

根据主导侧翼的不同，第三型的父母的性格也会有所不同。

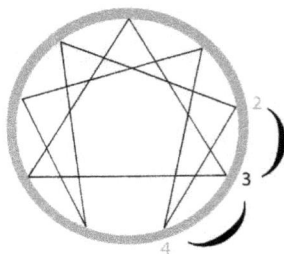

· 有第二型侧翼的第三型倾向于更加温暖，更激励人心、好交际。不好的一面是，他们想要受欢迎、给他人留下好印象的欲望会变成一种执念。他们会是诱惑性的，并且有一种隐秘的高竞争性。

· 有第四型侧翼的第三型倾向于更加内倾、敏感、有艺术气息、老练、有魅力。不好的一面是他们会有点私人化，呈现出假装和傲慢。

58

成就者及
激励者

什么能够加强你的自我超越？

第三型

有一些练习可以帮助第三型减少一些低效的习惯并加强自我超越。保持这些习惯，你能够对自己更加有所觉察并做出更好的回应。这些对你所有的人际关系都是有好处的。

· 慢下来，花些时间深呼吸。

· 放下结果并聚焦在当下的时刻里。

· 专心地听，不要试图去修复或是解决。

· 通过欣赏来认可你的孩子，你的方法并不是唯一的方法。

· 停止想象你必须拥有一切。

· 记得你是一个人的存在而不是一个人的作为。

"生活走得太快。如果你不偶尔停下来看看周边，
你就会错过它。"
——弗雷斯·布埃勒

成长的养育策略

　　如上述所说，这个部分也许是本章中最重要的。挑战你自己去练习以下建议和策略会让作为家长的你得到成长。我们建议一开始时只尝试少量的策略。没有必要按照顺序去练习：从一个看上去容易一些的开始。试着在你和孩子交流互动的方式中建立它们。按照你的喜好，每周仅选择其中一条，留意到是什么影响了你和家人关系和交流方式的变化。

1. **分享你的感受**：开始更多的认识到并和家人分享你的感受。当你感到担心、疲倦、尴尬、后悔等感受时，告诉你的孩子。你会在他们面前呈现出掩藏在你目标导向的"行事"面之下的人性的一面。这会在一个更深、更真实的层面把你们连接在一起——这会让你更容易被接近。

2. **尊重他们的特质**：学习真正地看重、尊重你的孩子是谁而不是他们做了什么。花些时间去思考下你孩子身上那些特质是让你钦佩、尊重的；例如，他们的耐心、同理心，他们的毅力等等。找到新的告诉他们你欣赏、尊重他们特质的方法。你可能会有专注于他们获取的成就的倾向，所以要留意你赞赏他们的是什么。

3. **内在驱力：** 更多地觉察到驱使你保持繁忙的内在对话。当你发现自己又在忙乱之中或者告诉你的孩子你又不能陪他们的时候，暂停一下……问问你自己能从完成眼下的任务中获得什么？你又会失去是什么，牺牲什么？做次深呼吸，问问你自己是否想要有不同的方式。

4. **对你的步伐有所洞察：** 学习在你的孩子需要你的时候，该如何调整你的步伐来适应他们。要做到这个你需要关闭你多重任务的能力并用你孩子当下需求要你给到他们的单一注意力来替代它。例如，当一个孩子需要你在家庭作业上的帮助时，试着关闭你脑海中的那些需要完成的任务清单。选择性的关注孩子，避免试图在同一时间进行多个任务（做饭，查邮件，叠衣服，看新闻）。当孩子得到你全部的注意力时他们会知道的。

5. **觉察你变色龙的本质：** 始终保持良好的外在呈现是有害的也是很累人的——并且这不会鼓励你或者你的孩子去做到真实。留意到你是如何寻求认可和被接纳的，你会因为你是谁而被爱、被羡慕，而非你和你的孩子有多么成功。

6. **挫折的重要性：** 通过为孩子树立一个谦卑可靠的模范来让挫折或者失败更有意义。挫折是比成功更好的老师。

第四型父母

创意型及个人主义者

> "除了每天平淡的生活，
> 一个人几乎可以忍受任何事情。"
> ——歌德

第四型的父母想要和他们的孩子有独特的连接。他们是温暖的，有同情心的并鼓励他们的孩子去触碰自己的感受。然而，他们的注意力焦点很容易到他们生命中缺失的部分，他们也会变得忧郁而悲伤。

第四型

优势	挑战
温暖	过度敏感
有创造力	戏剧化
强直觉性	自以为是
善于内省	只顾自己、自我专注的
支持性的	情绪化
真挚	评价、批判他人
有同情心	忧郁
温和	贪恋情感
有表达力	喜怒无常
独特	说教式的
举止优雅的	嫉妒心

创意型及
个人主义者

第四型

第四型如何影响他们的孩子

作为第四型的父母，你会通过鼓励孩子的自主性来帮助他们去发掘真实的自我。你会在智力和创意方面激励他们。

　　当我有了自己的孩子之后，我发现有了这群完完全全依赖于我的小家伙是很让人精神崩溃的。前几个月很难熬。我必须得围着孩子转，时时刻刻都要关注着他们——没有时间分神，让自己单独思考思考。我全心地爱我的孩子——这种极其强烈的情感让我睡不着觉，有时候甚至会被这种感觉淹没。我想要为他们提供生命中一切的机遇，确信他们会懂得爱与理解，同理与想象——我一定会培养他们的想象力以及欣赏世界上美好事物的能力。另外，我绝不会在任何情况下把自己的情感波动和那些偶尔出现的负面感受投射在他们身上。

　　当他们开始上学的时候我非常紧张。万一他们不适应呢？或者是找不到朋友，我该如何应对啊？我不停的回想起我的童年，我清晰地记得那时候我感到多么的迷茫、孤独（即便我那时有好朋友），对待事物我似乎总会比其他人有更加深刻的想法。我记得小时候我总是不理解自己的感受，因此我必须一直陪着我的孩子，帮助他们理解自己。我绝不想让他们感到迷失或是被误解。

你的类型会如何对孩子产生积极的影响

你的类型为孩子带来的积极影响包括：

· 你创造性的头脑扩宽了你孩子的眼界，让他们得以全面的思考。

· 你深层的同理感使得你对孩子流露出你的同情心。

· 你顺应情感的潮流并鼓励你的孩子去触碰他们的情感——他们感到被理解以及一种深层的连接感

· 你有很强的直觉性并且可以感受到你孩子的情况——你深深的欣赏他们的世界

· 你提倡对美、优雅、精致和独特的欣赏力，这发展了你孩子对世界美好事物的欣赏力。

66

我认为我儿子有美好的、敏感的和独特的灵魂，但他的同龄人不理解他，随着他长大，我在他身上看到越来越多我的影子。为了他让他一直感到被理解，我每晚都会坐在他的床脚问他今天过得怎么样，有没有什么想和我聊聊。如果他和我分享了些什么，我第二天会整天的分析他说过的话。这种情况持续了一段时间，我认为我在为我儿子尽力而为。接着一天晚上，我对我们的夜话感到很舒服，儿子对我说："妈妈，我知道你很享受和我聊天，看看我对事情都有些什么感受，不过，没关系，你没必要这么做。我很好——我不是你！"

第一次我感到被拒绝、没有被欣赏，但随着我把事情想通之后，我意识到我一直都在假设儿子会和我有一样的需求。不过，他当然不是这样的；他就是他自己。他说的对——他不是我。

你的类型会如何对孩子产生负面的影响

作为第四型的父母，你对孩子带来的潜在的负面影响包括：
· 你会倾向于注意到缺失的部分，这可能会导致你从家庭中退缩出去。
· 你会压制愤怒、埋藏你的不满。这会让你和你的家庭难以前行并保持当下。
· 你反复无常的情绪波动和消极的能量会让其他的家庭成员感到心力交瘁。
· 你嫉妒他人的倾向可能会让你分心，结果是你忽略了对你家庭的关注。
· 有时候你会在自己的家庭中感到被孤立，感到自己和他们有所不同，这会阻碍良好的连接。

·通过比较和感性判断，你倾向于注意到你孩子身上的问题。这会导致他们有一种不足感。

·你感到没有价值的倾向以及过度敏感会让你的家人很难和你有连接，向你表达他们的爱。

> 我的女儿和我大不一样：外向，健谈，喜欢作乐。这些都是我认为不属于我的特质。她不喜欢有深度，有意义的谈话，而且她对活动持久的能量和需要让我精疲力竭。有时候我觉得她很难理解，她不会无意识地看到身边事物神秘和美的一面。她也不喜欢那些我试图让她读读看的经典书籍。她活在当下；事实上她还会停下脚步来问问玫瑰花！她和我简直就是截然相反的，我努力地在寻找和她的连接，因为我认为这是良好养育所必需的。我花了很长时间才意识到其实她有很多值得我学习的地方。
>
> 后来我学会了去欣赏一切关于我美丽的孩子是什么样的，会变成什么样。通过她们，我学会了如何欣赏当下的生活，并退出她们的生活，让她们各自去发展自己的特长。不论她们是平凡还是杰出，他们都会获得美好的东西。

是什么让作为父母的你感到有压力？

　　成为父母是让所有人都感到有压力的，但是对于第四型来说，养育中有一些方面会尤其加大他们的压力。这些方面包括：

· 你会嫉妒那些看上去和他们的孩子有更多连接的父母

· 当你认为你的孩子误解、拒绝或是忽视你的时候

· 接到令人沮丧的消息时或者听到让你沮丧的事情时

· 缺乏情感深度的人和体验

· 感到你自己有问题

· 被要求去做些有悖你价值观的事情

第四型的变体

箭头

正如我们在第一步中所说，九型图中的箭头指示了在某些特定情况下，我们的行为会和我们主型通常的行为有些什么不同。我们在压力状态下会向着我们的"压力点"迁移，而轻松状态下会使用到"安全点"中的资源。

4. 有创意的人

1 安全点

2 压力点

通常，当第四型在压力状态下会呈·现出第一型的一些负面特征，在感到安全时会呈现出一些第二型的积极特征。我们建议你阅读一下第一型和第二型开始的章节以及对优势和挑战的描述，以此来对你的压力和安全点有更多的了解。

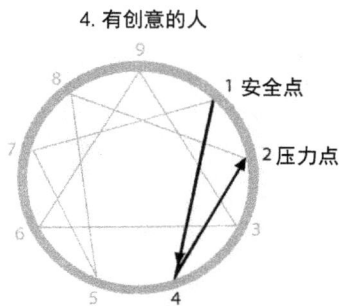

侧翼

对于所有的类型，在你核心类型两侧的类型都会对你的行为风格有所影响。我们把他们叫做你的侧翼。

根据主导侧翼的不同，第四型的父母的性格也会有所不同。

- 有第三型侧翼的第四型倾向于更加外倾，向上，有野心也更加华丽。

  他们热爱高雅、有文化底蕴和精致的东西。至于消极面，他人可能会认为他们做作，竞争性太强以及有蔑视他人的倾向。

- 有第五型侧翼的第四型倾向于更加内倾，聪慧，怪癖，有所保留。他们为自己创造的内在世界要比外在的真实世界有趣得多。消极面是他们会显得特别私密且抑郁。

"能发出令人心醉的哀嚎的人都是天才。"
——弗·司各特·菲茨杰拉德

什么能够加强你的自我超越？

有一些练习可以帮助第四型减少一些低效的习惯并加强自我超越。保持这些习惯，你能够对自己更加有所觉察并做出更好的回应。这些对你所有的人际关系都是有好处的。

· 注意你的家人认可、接纳、理解你的时刻
· 关注你生命中积极的面向
· 不论心情和感受如何波动，专注于当下的任务
· 多和那些用幽默的方式让你拥有轻松愉悦的心情的人在一起
· 寻找一个有创意的发泄点
· 强化自己觉察并接纳自己情绪的能力，不要把它们投射到他人身上
· 制定一个健康平衡的睡眠、工作、锻炼和饮食规律
· 明确你的需求

第四型

成长的养育策略

如上述所说，这个部分也许是本章中最重要的。挑战你自己去练习以下建议和策略会让作为家长的你得到成长。我们建议一开始时只尝试少量的策略。没有必要按照顺序去练习：从一个看上去容易一些的开始。试着在你和孩子交流互动的方式中建立它们。按照你的喜好，每周仅选择其中一条，留意到是什么影响了你和家人关系和交流方式的变化。

1. **感恩练习**：认可并欣赏他人的成功和幸福。这会发展你内在的平静感。练习松懈你的自我批判并把注意力放在当下生活中的美好事物中。

2. **觉察到避免平凡的倾向**：练习去欣赏你现在拥有的以及你正在做的，而不是花很多时间去思考你可以拥有的，你可以做的以及你希望你做了的。你的孩子在他们的生命中可能会欣赏那些平凡的东西；学会理解他们想要的。

3. **学习设定界限**：你可能会有强烈的欲望想要和你的孩子建立深度而有意义的连接。减缓你的激烈性并试着对什么时候该退一步，给孩子一些空间有更多的意识。

4. **专注**：练习专注在眼前的事情而不是一味的沉浸在感受中，这可能会阻碍你活在当下。

5. **关注事实而非感受**：试着站在客观的立场上；不要过分依赖你的感受而忽略了事实。提醒你自己事实是什么，并学会从感受中分辨出事实来。当你做这项练习时，把事实和感受写下来可能会对你有所帮助。

6. **练习欣赏**：尊重你自己并学会欣赏你的天赋，允许你本性中积极的一面浮现出来。花更多的注意力在你的优势和天赋上，少和他人抱怨自己。你自尊心的加强会对你和你的家庭产生积极的影响。

第四型

第五型父母

观察型及调查者

> "生活中没有什么可怕的东西，
> 只有需要理解的东西。"
> ——居里夫人

第五型的父母是善良的，富有理解力的，愿意付出，而且博文多学。他们也会发现自己在处理情绪层面的问题时有些为难，他们很多人都可能退缩到一些安静的成人时光中。

第五型

优势	挑战
热爱学习	情绪退缩
有恒心	冷漠
敏感	过分独立
有智慧	缺乏自发性
客观	不喜社交
有理解力	固执
独立	对他人的批判
善于分析	不自信
专业性	无情感
有条不紊	秘密
细心	智力层面的傲慢

观察型及
调查者

第五型如何影响他们的孩子

第五型的父母享受和他们的孩子分享他们的知识，他们善于解释复杂的概念。作为第五型的父母，你很善于观察大局，在家中保持客观的态度。

第五型

斯蒂文辛苦地工作了一整天。之后他居然被要求参加两个不在计划内的会议。会议持续了很长时间，更糟糕的是，会议没有一点架构，会后还要求他就他的立场发表下会议题的看法。简直不可能，他根本没有足够的事实来分析。

斯蒂文驾车回家的时候，想到他可以独处一会，放松下就有了一丝愉悦。他只需要大约一小时就度过这一天了，写几封邮件，陪一会家人。

你的类型会如何对孩子产生积极的影响

他们会解决好的。

第五型

你的类型为孩子带来的积极影响包括：

· 你是善良的、忠诚的——你的家人信赖你对他们的承诺。

· 你是脚踏实地的人，对周边事物有所洞察。你会看到家庭的大局势，不会卷入到戏剧性的事件中。

· 你有一颗聪慧的头脑，热爱为了学习而学习，这能够鼓励你的孩子们有一颗好奇心。

· 你享受获得更多知识，变得智慧，所以你会成为孩子们可靠的资源。

· 你是自给自足、独立的：你不会把自己的需求投射给孩子。

· 你很善于观察，能够在不反应过度的同时考虑你的回应。

你的类型会如何对孩子产生负面的影响

作为第五型的父母，你对孩子带来的潜在的负面影响包括：

· 你有时候会变得独裁、苛刻，作出暴躁的回应。

· 你会呈现出智力层面上的傲慢，你的孩子可能会感到被审判、恐吓。

· 你倾向于避免情感瓜葛，你的孩子可能把这种不参与理解为不感兴趣。

· 你在分享、表达你的情感上有困难。这会让你的孩子难以发展他
  们的情感智慧。
· 你花了大量的时间在头脑、思维的世界里，可能会很慢地做出回
  应。你忙着构想最智慧的回应，这会阻碍良好的、流畅的交流。
· 你对隐私和空间的需求可能会让你远离家长们的聚会。你的孩子
  可能因此而错失良机。

你应该知道怎么做呀。

　　史蒂文回到家中时简直就是一片混乱。他的妻子对着满屋
子乱跑的孩子叫嚣着，这场景仿佛像是一头公牛冲进了家中。
他的妻子对他大喊道："感谢上帝你终于回来了。能请你帮他
们检查下作业吗？然后让他们去洗澡。我好收拾干净准备晚
饭。"

　　史蒂文站了一会，感觉到一股愤怒涌上头来。他从妻子身
边走过，径直去到书房，告诉妻子他有重要的事情要做，20
分钟后就可以来帮忙。

　　他去到他的办公室，惊讶地发现他的办公桌乱糟糟的，
显然孩子在那里玩耍过了。然而，短暂的独处让他冷静了一
些，15分钟后，他又再次回到"乱战"中。

是什么让作为父母的你感到有压力？

成为父母是让所有人都感到有压力的，但是对于第五型来说，养育中有一些方面会尤其加大他们的压力。这些方面包括：

· 无法维持足够的隐私空间。
· 侵犯到你的个人界限，被打扰到。
· 和你不喜欢的人在一起（你对此感到非常疲倦）。
· 在采取行动之前试图了解所有需要知道的。
· 暴露在他人激进的情感中，并且无法远离。
· 你的孩子和他人谈论你的私人家庭生活。
· 对一个情形感到失控。
· 你的想法和知识受到挑衅。

> 贝斯想要斯蒂芬教自己做一些数学作业的时候，他坐下来，开始先解释代数的缘由，而没有先帮助她解决她需要解决的问题。她变得不耐烦，说道，"爸爸，不要再说数学历史了。帮我解决这个问题就好。"他对孩子只想要自己给出答案而感到恼怒。她难道没有意识到对问题有更深层次的理解是多么重要吗？理解了这些，往后的数学问题都会变得更清晰，更简单。
>
> 斯蒂芬写了很多的笔记给贝斯，而贝斯则开始和他诉说她今天的生活，课间休息的时候一个女孩是多么的讨厌，她很受伤，很沮丧。斯蒂芬对她的问题不予理睬，因为他不想陷入这些微小的细节以及和她女朋友的闹剧中——这些信息都太情绪化了。

第五型的变体

箭头

正如我们在第一步中所说，九型图中的箭头指示了在某些特定情况下，我们的行为会和我们主型通常的行为有些什么不同。我们在压力状态下会向着我们的"压力点"迁移，而轻松状态下会使用到"安全点"中的资源。

通常，当第五型在压力状态下会呈现出第七型的一些负面特征，在感到安全时会呈现出一些第八型的积极特征。

5. 观察者
安全点 8
7 压力点

我们建议你阅读一下第七型和第八型开始的章节以及对优势和挑战的描述，以此来对你的压力和安全点有更多的了解。

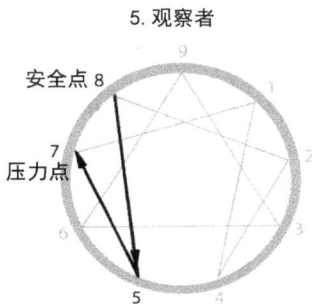

侧翼

对于所有的类型，在你核心类型两侧的类型都会对你的行为风格有所影响。我们把他们叫做你的侧翼。

根据主导侧翼的不同，第五型的父母的性格也会有所不同。

· 有第四型侧翼的第五型倾向于更加有创造力，更人本主义，更敏感、有同理心。比起头脑分析的部分，他们常更多地使用头脑想象的部分。消极的一面是，他们会变得更固执己见，难以脚踏实地。

· 有第六型侧翼的第五型倾向于更加忠诚，有合作性、纪律性。比起另一个侧翼他们对实践性的事情、事实和细节更感兴趣。对于消极的一面，他们更加冷漠、疑心重、谨小慎微。他们可能更具攻击性，主动地与对他们有异议的人为敌。

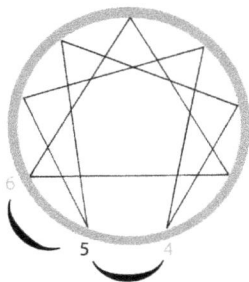

第五型

> "我知道我是聪明的，因为我自知无知。"
> ——苏格拉底

什么能够加强你的自我超越？

爸爸真棒，用你的脚背！

第五型

　　有一些练习可以帮助第五型减少一些低效的习惯并加强自我超越。保持这些习惯，你能够对自己更加有所觉察并做出更好的回应。这些对你所有的人际关系都是有好处的。

· 变得更加自信，坦率之言。
· 缓和一下你想要知道一切的需求。
· 在行动上更加活跃，参与到孩子中去。
· 放轻松，和你的家人一起享乐。
· 成为一个更主动的倾听者。
· 更多地谈论你的感受。

成长的养育策略

如上述所说，这个部分也许是本章中最重要的。挑战你自己去练习以下建议和策略会让作为家长的你得到成长。我们建议一开始时只尝试少量的策略。没有必要按照顺序去练习：从一个看上去容易一些的开始。试着在你和孩子交流互动的方式中建立它们。按照你的喜好，每周仅选择其中一条，留意到是什么影响了你和家人关系和交流方式的变化。

1. **表达你的情感：** 允许你自己去体验情感，而非隔离它们，退回到你自己的头脑和房间里。留意到你很少分享和自己有关的事，这会在你和家人之间建立一道隔阂。练习更加主动地融入到家庭中。

2. **练习闲聊：** 找一些参与到谈话中的方式，练习在和孩子进行你认为是无聊的谈话时保持当下。对看似俗气的谈话表现出兴趣——对于孩子来说，得到你的关注和倾听是很重要的。

3. **练习不要总是想知道：** 注意不要太过聚焦在事实及过度分析。相信你的直觉。在你聚集信息的同时你可能会错过对你孩子真正重要的东西，他们可能会感到被忽视。真正的生活是在言辞之外的——练习不需要理解的倾听，参与到故事中，或者让他们的故事对你更有意义。

第五型

4. **发展你的社交技能**：重视发展社交技能。你的孩子可能会想要你为了他们去和他人交涉，你的行为会成为他们日后社会交际的模范。

5. **在行动上更加活跃**：从你的头脑中走出来，进入你的身体里。留意到当你过度思考的时候，因为思考常常会替代行动。你会因此变得更加开放、有亲和力，更多的、融入到家庭中去。

6. **留意你对能量的管理**：为了休息，你会对独处的时间和空间有很高的要求。诚实、开放地表达这个需求，这样你的家人就不会感受到你在疏远他们。然而，也需要注意到你是否在使用这种隔离作为不恰当退缩的借口。

第五型

第六型父母

质疑者及忠诚者

我考虑周到了吗?

6

> "一分忠诚胜过十分聪明。"
> ——阿尔伯特·哈伯德

第六型的父母会有两种不同的呈现方式。他们会是非常有爱的，对他们的孩子充满关爱的同时还有着强烈的忠诚感和幽默感。然而，一些六号总是不断地扫描危险，为最糟糕的情形担忧，这会让他们的孩子感到焦虑。另外一些六号面对他们的恐惧，会变得过分强势，这也会影响到他们的孩子。这两种特质会在同一个人身上呈现出来。

优势	挑战
忠诚	焦虑、忧心忡忡
谨慎	高度警觉
负责任	防卫行强
有魅力、幽默	疑心重
好奇	对规则，要么盲从，要么挑战
保护弱小	独裁主义，但又对权威议题有很多矛盾
诚实、值得信任	犹豫不决，会造成拖延症
未雨绸缪	掌控欲强且死板
助人为乐	怀疑自己，怀疑他人
恪尽职守	固执
关爱他人	多变

第六型

第六型如何影响他们的孩子

作为第六型的父母，你的孩子能够感受到你忠诚、可靠的一面，他们会感到自己受到保护，是安全的。你的幽默和诙谐会为这个家庭带来很多快乐。

> 我考虑周到了吗？

> 詹姆斯是个非常幽默的人，有时也会扮扮小丑。他的孩子很喜欢当他们带朋友来家里的时候，爸爸会和大家讲几个笑话。詹姆斯也很关心那些不太开心的孩子，会和他们好好聊聊，给他们带来快乐。

你的类型会如何对孩子产生积极的影响

你的类型为孩子带来的积极影响包括：
· 你是个忠诚、可靠的家长，这会让你的孩子很有安全感。
· 你为所有的情况都做好准备。你的孩子会感到安全，被照顾到。
· 你幽默、诙谐，这会为整个家庭带来欢乐。
· 你有同情心、温暖，这在你的家庭中创造了一种真正的关怀感。
· 你是保护性的——你总是准备好为弱者出头。
· 你关注细节——你会专注关注一个任务，家人会知道你能做好它。

> 詹姆斯想带家人去澳大利亚中部露营。他想要确保这是一个安全、美满的假期，所以他为所有的可能性都做了精心的准备。他想要保证他的家人舒适，同时给他们带来一次很棒的冒险。
>
> 他为山路驾驶购置了新的四驱装备，并决定最好是有些发动机的备用零件。他不希望家人被困在山路上。他还准备给露营车弄一个备用水箱，给四驱装备配上备用电池，以防不时之需。
>
> 因为他将要在遥远的陌生道路上驾驶，詹姆斯也准备了很多份地图和一个卫星定位手机。他总是担心他们迷路、车子出问题，在出现问题或受伤的时候失去联系。这让他感到十分焦虑。但是，他知道通过各种准备会让他感到更加自信，他的焦虑感也会随之减轻。
>
> 收拾东西是需要周全思考。一个人永远无法准确地知道天气如何，所以他得保证家人带够天热、天冷和下雨的衣物。
>
> 虽然家里人都取笑他对细节的关注和准备，但知道他为家人所有可能的需要、所有的情况都做好准备而感到安全。他们也知道詹姆斯总是会照顾好他们。

你的类型会如何对孩子产生负面的影响

作为第六型的父母，你
对孩子带来的潜在的负面影
响包括：

· 你总是担心孩子的安
  全，这会让他们感到窒
  息。孩子在青春期的时
  候可能会变得叛逆。
· 你常把你的恐惧投射到
  孩子身上，他长大后可能会变得担惊受怕，缺乏自信。
· 你为了理清思路而拖延了不少时间，结果还是在原地打转。这会
  让家人感到挫败。
· 你不信任自己的权威性，总要查看他人的想法。然而，你也怀疑
  他人的话语，这会导致独裁和对峙。因为你对自己有不确定感。
· 你会过分尽责，被规定和惯例限制，你的孩子会感到很受限制。
· 你的恐惧和质疑的头脑会导致你不现实地将自己的恐惧投射给孩
  子。
· 你的孩子会觉得你总是紧张兮兮的，很沉闷。

第六型

"

他们出发去露营地的前晚，詹姆斯感到非常焦虑。他不知
道带家人去这么一个渺无人烟的地方是不是正确。万一有人被
蛇咬了或生病了，而他们离任何地方都很远，该怎么办？万一
遭遇意外呢？万一发洪水呢？水或者汽油用光了呢？他想着所
有的这些可能性，变得越来越焦虑。他超高的警觉性会让周边
所有的人感到有压力。

"

是什么让作为父母的你感到有压力？

成为父母是让所有人都感到有压力的，但是对于第六型来说，养育中有一些方面会尤其加大他们的压力。这些方面包括：

· 你需要确定性，这导致你大部分时间处于焦虑状态。
· 感到你无法信任你的孩子或者其他任何人。
· 看到你的孩子被欺负或者被利用。
· 认为你的孩子对你不够忠诚，对你没有应有的尊重。
· 质疑自己的权威性时。
· 试着决定该如何约束你的孩子时。
· 越来越忙的时候。

"

詹姆斯总是担心他的孩子，常常想到每天孩子可能遇到的所有危险和挑战。他潜在的焦虑会带着一份沉重。他知道他对所有的人都质疑有点过头了，然而他似乎总是得不到足够的证据来让他感到一切都正常。他想要他的孩子有逻辑地思考事情，并常常质疑他们的想法和念头。他怀疑的态度会让他们感到被轻视、低估，而詹姆斯也想知道为什么他们不想总是和他一起。

"

第六型的变体

箭头

正如我们在第一步中所说，九型图中的箭头指示了在某些特定情况下，我们的行为会和我们主型通常的行为有些什么不同。我们在压力状态下会向着我们的"压力点"迁移，而轻松状态下会使用到"安全点"中的资源。

通常，当第六型在压力状态下会呈现出第三型的一些负面特征，在感到安全时会呈现出一些第九型的积极特征。

我们建议你阅读一下第三型和第九型开始的章节以及对优势和挑战的描述，以此来对你的压力和安全点有更多的了解。

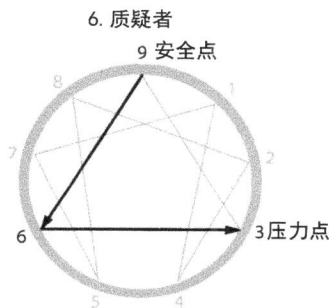

侧翼

对于所有的类型，在你核心类型两侧的类型都会对你的行为风格有所影响。我们把他们叫做你的侧翼。

根据主导侧翼的不同，第六型的父母的性格也会有所不同。

· 有第五型侧翼的第六型倾向于更加内倾，聪慧、谨慎。他们有原则的人，缜密的学者。消极的一面是他们会愤世嫉俗、冷漠、自我孤立。
· 有第七型侧翼的第六型倾向于更加外倾，物质主义，关系导向。他们常兼备着能量、幽默感和一种对生命的激情。消极的一面，他们会没有安全感，有拖延的问题。

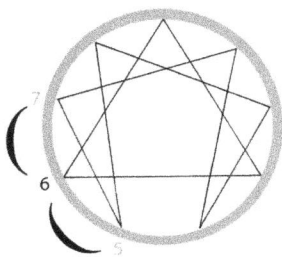

> "我喜欢悲观主义者，
> 他们总是那些把救生衣带上船的人。"
> ——丽莎·克莱佩

什么能够加强你的自我超越？

你说得对！
它是半满了！

有一些练习可以帮助第六型减少一些低效的习惯并加强自我超越。保持这些习惯，你能够对自己更加有所觉察并在做出更好的回应。这些对你所有的人际关系都是有好处的。

· 放松一点，和家人一起享受更多快乐的时光。
· 从你孩子的生活中退出来，允许他们自己去面对生活中的挑战。
· 识到你自己的内在权威，并信任自己的决策。
· 多看到一些生活的积极方面。
· 意识到规则和惯例通常都只是指导，并非绝对必需的。

成长的养育策略

　　如上述所说，这个部分也许是本章中最重要的。挑战你自己去练习以下建议和策略会让作为家长的你得到成长。我们建议一开始时只尝试少量的策略。没有必要按照顺序去练习：从一个看上去容易一些的开始。试着在你和孩子交流互动的方式中建立它们。按照你的喜好，每周仅选择其中一条，留意到是什么影响了你和家人关系和交流方式的变化。

1. **管理你的压力等级**：你倾向于过度思考。学会用不同的方式来减轻你的焦虑，比如冥想、呼吸技巧或去大自然放松一下。随着你学会管理你的压力等级，整个家庭都会感到更加轻松。尝试些新方法来放松。

2. **学会信任你的内在权威**：留意到当你根据他人的言辞来做决定的时候，因为你认为其他人都比你知道的更多。练习问问自己，"关于这个问题，我是怎么看的？我想要什么？"你通常都会有一些很好的洞见。

3. **发展一种切合实际的信念**：鼓起勇气去承担你所做决策的责任。只要你能够从中学习，犯错是可以的。你的孩子也会认识到就算你或者他们犯错了，天也不会塌下来。

4. **学会信任你的孩子**：练习不要因为你担心孩子的安全和幸福就紧紧抓住他们不放。他们需要感受到你相信他们能够照顾好自己。练习允许他们去冒险。

5. **忠诚**：当你的忠诚蒙蔽了你的双眼，让你无法面对现实——这可能对你自己的幸福和你家人的幸福是有害的。练习对自己是否过度忠诚保持好奇——从多问自己一些问题开始。

6. **少一些刻板**：允许你的孩子看到家庭的规则中还是有一些漏洞的。比规则本身更重要的是对规则有意识。留意你释放怒火的对象。意识到恐吓的面具下往往是脆弱的情感。建立更多的灵活性：不身为权威也可以有权威性。

第六型

第七型父母

热情者及享乐主义者

> "你若是遵循了所有的规则,
> 你就会错过所有的快乐。"
> ——凯瑟琳·赫本

　　第七型的父母精力充沛,乐观地看待他们的家庭。他们会为孩子们寻找有趣的事情做;他们享受快乐、玩乐的时光。然而,当这种积极向上的能量被过度使用时,七号父母会让他们的孩子被淹没,既听不到也看不到他们的感受。

优势	挑战
乐观	超活跃
有自发性	冲动
有创造力、想象力	难以聚焦
热情	轻浮
精力充沛	纵欲
自信	令人生畏
非常高产	忙乱且低产
爱玩	逃避痛苦和不舒适感
头脑开放	自恋
积极的思考方式	反叛
反应迅速	焦躁不安

第七型

热情者及
享乐主义者

第七型如何影响他们的孩子

对于你的孩子来说，你是积极向上、活力四射的。他们会看到你计划一些有趣的活动，在娱乐的同时为世界做出贡献。这会是激励人心的。

下次我们去印度吧！

过去安总是能从容的处理一切：她是积极、乐观、快乐的，而且总是忙碌着。做了母亲之后，自然地她将经历和兴趣都转到了建设她的家庭上了。她孩子还小的时候，安喜欢找一些新奇创意的方法来让他们的生活更多姿多彩。她安排了很多游玩日、手工活动、外出看电影和冒险。安喜欢玩，喜欢和孩子们玩游戏，演些小戏剧。过生日的时候总会开派对，把大家都叫来。她很乐意为孩子准备下一次新的体验，只要安发现了什么刺激东西想要给孩子看，总是会留出时间来带大家去城市里或者沙滩上走走的。

第七型

你的类型会如何对孩子产生积极的影响

你的类型为孩子带来的积极影响包括：
· 你的思维很敏捷——你可以帮助你的孩子克服挑战，勇往直前。
· 你是富有创造力和想象力的——你通过讲故事和充满想象的思维给你孩子的生活增添了光彩。

- 你对生活充满了热爱，这会鼓励你的孩子走出去探索世界。
- 乐观积极的你倾向于关注积极面。你鼓舞家人去看到生活光明的一面。
- 你会为孩子看到很棒的探索生活的机会——你支持（或甚至帮他们找到）这些机会。
- 你是友好的，外向的，你鼓励你的家人去进行社会交际，发展友谊。
- 你善于重构——你能够把消极转变成积极的方面。

"

  因为安想保证自己有所选择，她常常会向家人保证过多的活动，又或有时候什么都不承诺——以防有另一个更有趣的事情出现。安不喜欢感到受限制；有很多选择让她感到自由，她想让孩子长大后是灵活的，享受各种多样性。随着孩子长大，安会鼓励她的孩子去尝试、体验新的活动、朋友、地方和经验。她真的很享受和孩子们探讨他们做过的一切。安想要让他们保持头脑开放。有时候她的家人会嘲笑安总是有那么多计划，而且一旦她感到无聊就会很快的放弃并转到某件新事情上。他们也会在事情没有按时完成时或者家人们没有看到事情有始有终的完成时感到挫败。

"

第七型

你的类型会如何对孩子产生负面的影响

作为第七型的父母，你对孩子带来的潜在的负面影响包括：

· 你会忙于寻觅那些你过度承诺过的新事物，因此而错失了陪伴家人的时光。

· 因为想要保证所有的选择都是可行的，你常常会迟到或者不作保证。你的孩子可能会认为你是不可靠的。

· 你调皮的幽默感和随意性可能会呈现为不成熟，这可能会让你的孩子感到尴尬。

· 你平等的权威观念可能会导致家长和孩子之间没有清晰的界限。

· 你会没有纪律，对常规感到厌倦，这意味着重要的家庭任务常常无法完成。

· 你的冲动性和不持续性会让你的家人感到迷惑。

是什么让作为父母的你感到有压力？

成为父母是让所有人都感到有压力的，但是对于第七型来说，养育中有一些方面会尤其加大他们的压力。这些方面包括：

· 看到其他的家庭比自己的家庭拥有更多的体验和欢愉。

· 感到被排除在外或者不被重视。

· 感到似乎自己被不公正的批评了。

· 没有时间去做你所计划的所有令人兴奋的事情。
· 当你的孩子消极、伤心或是表现出一种悲观的态度时。
· 看到你的孩子浪费机会，把事情搞砸。
· 犯错误，做错事情。
· 被作为父母的责任和单调的任务困住。
· 感到你必须要做什么，没有选择。

如此阳光明媚的日子，我应该出去走走！

> 刚做母亲的时候，安感到对小孩子重复的养育工作对她是个挑战。她很容易对这些单调的例行公事感到厌倦；而这也的确让她变得不耐烦。回想起来，安看到她错过了一些平日里有趣的事情。
>
> 一件让安对她养育方式有所醒悟的事情就是她约束孩子的能力。她避免给他们带来过多的痛苦，她一点儿也不喜欢家人之间的冲突，她甚至尝试过放下家长的权威。有时候她会怀疑自己的方式，担心她没有让孩子认识到界限和后果的严重性。但对于安来说，妈妈的角色并不意味着使用等级制度，对孩子"发号施令"，而是让家庭里的每个人都感受到平等，让每个人都有归属感。

第七型

热情者及
享乐主义者

第七型的变体

箭头

正如我们在第一步中所说，九型图中的箭头指示了在某些特定情况下，我们的行为会和我们主型通常的行为有些什么不同。我们在压力状态下会向着我们的"压力点"迁移，而轻松状态下会使用到"安全点"中的资源。

通常，当第七型在压力状态下会呈现出第一型的一些负面特征，在感到安全时会呈现出一些第五型的积极特征。我们建议你阅读一下第一型和第五型开始的章节以及对优势和挑战的描述，以此来对你的压力和安全点有更多的了解。

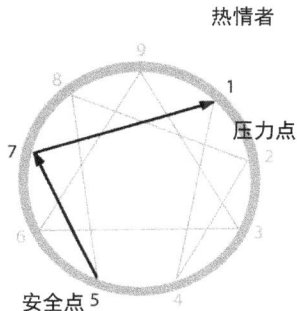

侧翼

对于所有的类型，在你核心类型两侧的类型都会对你的行为风格有所影响。我们把他们叫做你的侧翼。

根据主导侧翼的不同，第七型的父母的性格也会有所不同。

· 有第六型侧翼的第七型倾向于更加忠诚、讨人欢喜、负责任，愿意做出妥协。他们是好奇的，有着非凡的幽默感。消极的一面是，他们可能会变得焦虑，注意力不集中，东一榔头西一棒子，相比另一个侧翼较少做事情贯彻始终。

· 有第八型侧翼的第七型倾向于更加精力旺盛、现实、独立。他们有着策略性的思考方式和快速组织资源的能力。另一方面，他们可能更具攻击性、竞争性，也更物质主义。他人可能会认为第七型是坦率直言的，甚至有些无情。

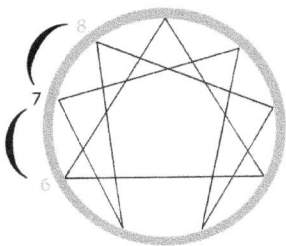

101

> "生命若不是一场精彩的冒险，
> 那就毫无意义。"
> ——海伦·凯勒

什么能够加强你的自我超越？

　　有一些练习可以帮助第七型减少一些低效的习惯并加强自我超越。保持这些习惯，你能够对自己更加有所觉察并在做出更好的回应。这些对你所有的人际关系都是有好处的。

· 练习对进行更多事情说"不"。
· 在开始另一个任务前，聚焦在一件事情上，把它完成。
· 留意到你夸大其实或呈现出不现实的乐观主义的时候。
· 允许并倾听他人谈论他们的悲伤或者痛苦……不要将它们用积极的方式重建。
· 欣赏你所拥有的，而非寻求什么更好的东西。
· 允许你的孩子以他们的步伐前进，不要把他们拉到你的节奏中。

成长的养育策略

　　如上述所说，这个部分也许是本章中最重要的。挑战你自己去练习以下建议和策略会让作为家长的你得到成长。我们建议一开始时只尝试少量的策略。没有必要按照顺序去练习：从一个看上去容易一些的开始。试着在你和孩子交流互动的方式中建立它们。按照你的喜好，每周仅选择其中一条，留意到是什么影响了你和家人关系和交流方式的变化。

1. **留意你的向上的能量**：检查你向上的能量是否与家人的需要不同步。和家人讨论你参与的活动和社交事宜。听听每个人的看法。如果你的家人没有分享你对更多的快乐、冒险和经验的热情，那么你应该如何处理你的失望。

2. **留意到你的"积极转化"**：当你对真正在发生的事情进行积极转化的时候变得更有意识。你是在重塑现实吗？你很善于在糟糕的情形中看到积极面——但是在重塑消极的同时，你有没有否认或者逃避某些东西？练习倾听你的孩子不喜欢什么或感到痛苦或不舒服。对他们来说，看到生命有喜有悲是很重要的。学习更加诚实的面对这些困境。

3. **练习更加坚持**：学习更长久地待在一个特定的计划或活动中。坚持下去。变得更加坚持不懈，让家庭任务有始有终，而不是放弃，又去找什么新鲜的，不同的事情。

没关系的，
哭出来吧。

4. **尊重每个人的差异**：你孩子的性格可能是渴望有架构，考虑精准细节的。理解这就是他们。当你看到新的念头和改

变的可能时，他们可能更喜欢重复和稳定带来的安全感。学会克制你的不耐烦，欣赏他们认为有意思的东西。

5. **留意到你近乎狂热的头脑**：觉知到你的念头在"赛跑"，让你无法专注。花些时间来做停止和呼吸的练习，然后聚焦在你的念头上。慢下来，在当下的时间和空间中感受到价值，越来越聚焦，这样会让你更加高效的融入到家庭中。

6. **抵抗总是想让人开心的冲动**：留意到你避免痛苦情况和情绪的习惯。在家人面前，诚实地面对痛苦的情感。让孩子在痛苦和不舒适中多待一段时间（比你认为所需要的时间更长）可能对他们是很重要的。强迫他们前进，你可能会让他们丧失了学习处理这些事情的机会。

第七型

第八型父母

自信者和保护者

加油！

> "勇往直前永远是最好的解决方案。"
> ——罗勃特·弗洛斯特

第八型父母是他们孩子的强大保护者。他们忠诚、关爱、参与且疼爱子女。但是，他们的强烈感情也令他们的家庭感到咄咄逼人。

优势	挑战
精力充沛	控制性
充满勇气	咄咄逼人
热情	苛刻
保护性	缺乏耐心
支持性	反叛性
寻觅正义	怀疑主义
直接	不敏感
赋予他人力量	无法容忍脆弱和不忠
自信	评判性
有权威	专横
资源丰富	攻击性

第八型

第八型如何影响他们的孩子

作为第八型的父母，当你感到放松，一切都在掌控中的时候，你的孩子会感受到你的温暖和慷慨。你会在一个充满安全感和爱的环境中抚养你的孩子。

> 本是一个温暖、慷慨的父亲。他总是会参与到孩子们的体育活动中，常常还是以教练的身份，组织团队活动，让事情都得以顺利进行。他喜欢对事情都有所掌控，常常成为俱乐部的主席。他不知道的是自己有一个外号——"善良的独裁者"——因为事情总是只能以一种方式来运作，那就是他的方式。本并没有觉察到有时候是他想要促使事情发生的欲望会让他变得很专横，甚至有点咄咄逼人。他感觉很好，因为在他的带领下，俱乐部在向前发展，有了新的方向，最终也会变得很棒，不仅仅是俱乐部，整个本地社区都会变得很棒。

第八型

你的类型会如何对孩子产生积极的影响

你的类型为孩子带来的积极影响包括：

· 你是个温暖而慷慨的家长——你能够激励到自信心不足的孩子。

· 你对生命呈现出完全的喜悦是很有感染力的——你的孩子会爱上你带来的满是喜悦和能量的精神。

· 你鼓励尝试新事物对整个家庭都会是有趣的，他们在和你一起冒险的时候会感到安全。

· 你的支持会创造一种温暖和连接的感觉，你的孩子会感到自己是受保护的。

· 你丰富的资源为孩子们提供了很多探索世界的机会，这能够帮助他们开阔眼界。

· 你有着强烈的正义感，你会赋予孩子们力量去坚持正确的立场。

"

当本是放松、冷静的时候，他会呈现出很多人都不知道的一面——他柔和的一面。但是本认为表现出脆弱是缺陷，所以他很少请求帮助或者表现出柔和的一面。有一天他感到不舒服（这也不常发生），他确实需要请他的一个儿子帮助他完成某件事。他儿子对此很是惊讶，但也为能够帮助他而感到开心。

"

你的类型会如何对孩子产生负面的影响

作为第八型的父母，你对孩子带来的潜在的负面影响包括：

· 当你变得愤怒、激动的时候，你会让孩子们感到害怕，有很大压力。

· 压力下的你会感到精疲力竭，从家庭中退缩出去，变得自我隔离。

· 当你的孩子不理解你的时候，你会变得焦躁不安，没有耐心。

你在想什么呢？

· 你会给自己很多压力，这会让你自己变得很敏感，会导致你"爆炸"。

· 第八型的母亲常常都很困惑，因为他们的力量和果敢会被误解为攻击性。

· 你不善于呈现你脆弱的一面，这会导致他人会认为你不需要他们的支持。

· 你期望你的孩子符合你的要求，如果他们没有这么做你会变得愤怒、控制性强。

是什么让作为父母的你感到有压力？

成为父母是让所有人都感到有压力的，但是对于第八型来说，养育中有一些方面会尤其加大他们的压力。这些方面包括：

· 当你的孩子不重视你好意的指导和期待时。

· 当你试着控制你的能量和激情时，尤其是在你为之狂热的事情。

· 当他人试图控制你或者告诉你该做什么的时候。

· 必须要控制你对峙的风格时。

· 全力以赴并且否认自己疲惫的时候。

109

- 当你的孩子不真实、说谎话的时候。
- 当你相信自己必须是强大的、有力量的，才能够在这个弱肉强食、不公正的世界上保护你的孩子的时候。
- 否认自己的恐惧、弱点和脆弱的时候。

"

　　本知道他最大的一个问题就是偶尔爆发愤怒。他发现当这股怒气快速的爆发时很难可以控制住，尤其是当他的孩子破坏规则或者界限的时候。他有时候会担心孩子们会在他爆发的时候被吓到。这不是他想要的结果。

　　本的两个儿子常常对他严厉行为的冲击感到厌烦，其中一个儿子对此尤其难受，因为他是个安静温和的人，而他父亲总是想要让他强硬一些，这样就不会在这个弱肉强食的世界里受到伤害了。本知道保护他的儿子是很重要的，但是他也想要鼓励他们为自己，为正义挺身而出。

"

自信者和
保护者

第八型的变体

箭头

正如我们在第一步中所说，九型图中的箭头指示了在某些特定情况下，我们的行为会和我们主型通常的行为有些什么不同。我们在压力状态下会向着我们的"压力点"迁移，而轻松状态下会使用到"安全点"中的资源。

8. 自信的人

2 安全点

压力点 5

通常，当第八型在压力状态下会呈现出第五型的一些负面特征，在感到安全时会呈现出一些第二型的积极特征。我们建议你阅读一下第五型和第二型开始的章节以及对优势和挑战的描述，以此来对你的压力和安全点有更多的了解。

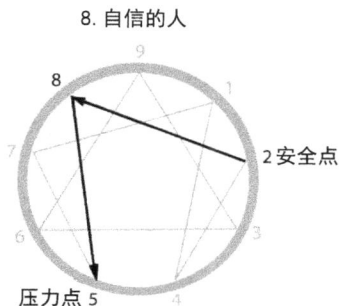

侧翼

对于所有的类型，在你核心类型两侧的类型都会对你的行为风格有所影响。我们把他们叫做你的侧翼。

根据主导侧翼的不同，第八型的父母的性格也会有所不同。

- 有第七型侧翼的第八型倾向于更加外倾、有进取心、能量充沛、反应快速。他们有着充沛的能量，喜欢用做项目、锻炼和冒险来消耗能量。在消极的一面，他们会是冲动的，缺乏耐性，自我中心。
- 有第九型侧翼的第八型倾向于更加性情温和、有接纳性，坚强也更多体现在内在的部分。不太公开表达攻击性，只在需要的时候准备好变得坚强，通过保护来证实力量和领导力。在消极的一面上，他们会在坚强和舒适之间犹豫不决，这会让一些人感到难以理解。

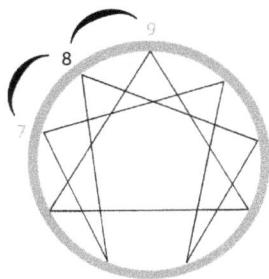

111

第八型

"如果你用真正的力量征服了他们，
他们的心和头脑也会跟随的。"
——约翰·韦恩

什么能够加强你的自我超越？

　　有一些练习可以帮助第八型减少一些低效的习惯并加强自我超越。保持这些习惯，你能够对自己更加有所觉察并在做出更好的回应。这些对你所有的人际关系都是有好处的。

· 停下来、慢下来，培养耐性。
· 留意到你的激烈性和它带来的影响，选择一种更温和的方式。
· 克制住冲动地驳回或者否认他人的观点。
· 花些时间来不带修正、解决或评判地倾听。
· 三思而后行。
· 对他人敞开，展现出你脆弱的一面。

成长的养育策略

如上述所说，这个部分也许是本章中最重要的。挑战你自己去练习以下建议和策略会让作为家长的你得到成长。我们建议一开始时只尝试少量的策略。没有必要按照顺序去练习：从一个看上去容易一些的开始。试着在你和孩子交流互动的方式中建立它们。按照你的喜好，每周仅选择其中一条，留意到是什么影响了你和家人关系和交流方式的变化。

1. **控制你的能量：** 当你不再表现的非常强硬的时候，你的孩子和伴侣就会有空间来自由地表达他们自己。练习把你的能量撤回去一些——允许他人表达、评论，允许他人去领导、做决定。

2. **更加开放的去倾听，沟通差异：** 做出有意识的努力，让自己少"命令"，多"询问"，这样你的孩子会被鼓励去发展他们自己独特的性格特质。使用询问的方式来帮助你的孩子去发展他们的一个想法，例如，"这听上去是个有意思的计划——和我说说你认为事情会怎样发展？"或者"这听上去对你很重要，在多和我说说吧……"

3. **学习少一些控制：** 对模糊了控制和保护性的授权之间的界限更有觉察。当你太过固执、控制性的时候，你会把你的孩子推开。练习更加放松，顺势而为。

第八型

4. **变得更圆滑**：学习如何变得不要那么直接，这样你会少带来一些伤害。从你嘴里说出来的东西往往都是批评或者残酷的事实。停一下，在你想的东西和你将要说出来的话之间建立一个缓冲。这样你就可以选择更具鼓励性的言辞和语调。

5. **对你的愤怒负责**：你有把你的怒火归罪于他人的倾向。暂停一下，呼吸，再看看在对质中到底有哪些是你发起的。用现实检测你的行为。问问自己你可以做些什么改变。

6. **考虑让人的意见**：愿意聆听他人，不要试图去说服别人同意你的观点。努力看到模棱两可的解释。练习站在他人的立场上——从他人的角度来看，这个是世界是什么样子的。

7. **学会展示你的脆弱**：你常常会感受到你必须要做一个超人。记住：你无法为他人做好一切。你的孩子、伴侣想要支持你的，站在你身旁，但是如果你不展示出任何弱点的话，他们会相信你不需要任何支持。脆弱是不确定、冒险、对情感的探索，开放，展示你的真实情感也是需要很强大的。练习表达你真实的感受——当你感到担忧、焦虑或者悲伤的时候，和你所爱的人沟通。

第八型

第九型父母

调解者和和平者

一切都很好。

"别把你能避免的事情拖到明天。"
——普雷斯顿公里

第九型的父母是很好的倾听者和调停者，他们能够很好的融入到孩子的世界中。他们是随和的、灵活的，但是也会变得固执，对他们的孩子过度放纵。

优势	挑战
随和	避免冲突
有耐心	否认愤怒但偶尔会爆发
有外交手腕	拖延
平和	遗失了自我感，混在他人中
良好的倾听者	固执
接纳他人	自满的
理解所有的观点	不果断
支持性的	闲散的
鼓舞人心的	总是让步
慷慨	没有立场
坚定	低能量

第九型如何影响他们的孩子

作为第九型的父母，因为你的温暖与随和，你的孩子会在你面前感受到被支持、舒适。

一切都很好。

> 凯里觉得成为母亲是她所做过最棒的事。她无条件爱她的孩子，为他们提供了一个安全而舒适的家。因为她是一位很好的聆听者，没有试着给出过多的建议，孩子们感到他们可以对她敞开心扉。她能直觉性地理解孩子们，并且能够看到每一个孩子的观点。

你的类型会如何对孩子产生积极的影响

你的类型为孩子带来的积极影响包括：
· 你的温暖和通情达理让孩子们感到被接纳——他们会感受到你无条件的爱。
· 你是容易接近的，你的孩子会感到放松，不会感受到过多来自于你的压力。
· 你调和的能力能够帮助到周遭的冲突，这会让你的孩子学会欣赏他人的观点。

· 你可以给孩子们的生活和抱负带来很多能量——你的孩子会感受到被看重，被认可。
· 你行事有理可依、支持他人——你的孩子能够依靠你。
· 你会带来平和——你带来了一个和谐的环境，这会对你的家庭产生一种平静的影响。

有时候孩子们会抱怨他们不能信任凯里的观点，因为她采取了每个人的观点。问题是她真的能够理解其他人是如何看待事情的，同时这也让她难以发觉自己的观点到底是什么。

凯里对家里任何的冲突都会感到不自在。她倾向于同意任何孩子想要的，而不是和他们作对。当他们想她索求什么东西的时候，她说不出"不"来，就算是她知道她并不想这样，也没有这么做的意愿。这种时候，说"好"会比较容易，会希望他们会改变主意，忘了这件事。

第九型

调解者及
和平者

你的类型会如何对孩子产生负面的影响

作为第九型的父母，你对孩子带来的潜在的负面影响包括：

· 你避免冲突的倾向可能让你的孩子感到他们认为重要的事情被疏忽或者没有得到解决。

· 你会通过消极—积极的方式来控制他人，比如变得固执、倔强。

· 你倾向于从身边正在发生的事情中抽离出来，看上去你像是没有参与到家庭中似得。

· 你的愤怒偶尔会爆发出来，这对你和你的家人都会是挺恐怖的，也令人不安。

· 你对待孩子可能会太过放纵了，没有给到他们清晰的方向。

· 你会快速地融入到孩子们的日程安排中，这会抑制他们独立性的发展。

· 你的拖延倾向会对孩子的机遇产生影响。

> 即便凯里很享受家庭生活，但也有些时候会让她感到精疲力竭。她感到做决定很困难，让日程安排顺利进行也很累人。在不断地催促和慌乱的家庭生活中，有时候她觉得自己很难保持随和、放松的自我。她会花一整个下午来读本书，忘记身边发生的事情。就好像是即便醒着，其实内在是睡着了的。

第九型

是什么让作为父母的你感到有压力？

成为父母是让所有人都感到有压力的，但是对于第九型来说，养育中有一些方面会尤其加大他们的压力。这些方面包括：

· 感到做决定或者把某件事情完成的压力。
· 当家里有冲突或者产生斗争的时候。
· 当你的孩子对你迟迟未做出决定而失去耐心的时候。
· 对他人如何看待你有太多担忧。
· 对你真正想要的感到迷茫，也正是这个原因导致了你的拖延。
· 花数小时来看电视，而耽搁了需要完成的事情。
· 你的孩子占你的便宜。
· 当你实际想要说不的时候说"好"。
· 感到没有被听到或者注意到。
· 因为缺乏纪律性或者主动性而对自己严厉的时候。

第九型

调解者及
和平者

第九型的变体

箭头

正如我们在第一步中所说，九型图中的箭头指示了在某些特定情况下，我们的行为会和我们主型通常的行为有些什么不同。我们在压力状态下会向着我们的"压力点"迁移，而轻松状态下会使用到"安全点"中的资源。

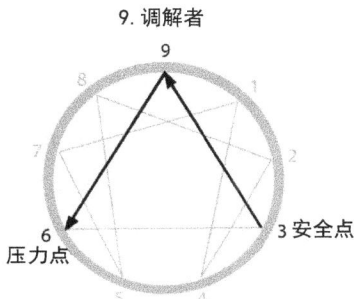

通常，当第九型在压力状态下会呈现出第六型的一些负面特征，在感到安全时会呈现出一些第三型的积极特征。我们建议你阅读一下第六型和第三型开始的章节以及对优势和挑战的描述，以此来对你的压力和安全点有更多的了解。

侧翼

对于所有的类型，在你核心类型两侧的类型都会对你的行为风格有所影响。我们把他们叫做你的侧翼。

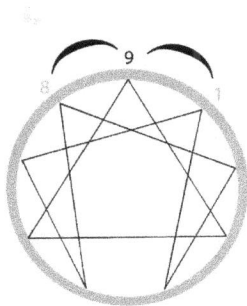

根据主导侧翼的不同，第九型的父母的性格也会有所不同。

- 有第八型侧翼的第九型倾向于更加外向、自信、反权威。他们能够做到既强大又温和。消极的一面是，他们可能在挑衅与调和之间摇摆。他们会变得固执、防御性强、顽固，拒绝听取任何人的意见。

- 有第一型侧翼的第九型倾向于更加有纪律、矜持，易于表达，直到问题被解决。他们比另一个侧翼更加有纪律性，控制情绪，顺从。他们也少有冒险性，更加矜持。

第九型

121

> "以眼还眼只会让整个世界都瞎了眼。"
> ——圣雄甘地

什么能够加强你的自我超越？

有一些练习可以帮助第八型减少一些低效的习惯并加强自我超越。保持这些习惯，你能够对自己更加有所觉察并在做出更好的回应。这些对你所有的人际关系都是有好处的。

· 停下来、慢下来，培养下耐性。
· 留意到你的激烈性和它带来的影响，选择一种更温和的方式。
· 克制住冲动地驳回或者否认他人的观点。
· 花些时间不带修正、解决或评判地倾听。
· 做事三思而后行。
· 对他人敞开，展现出你脆弱的一面。

成长的养育策略

如上述所说，这个部分也许是本章中最重要的。挑战你自己去练习以下建议和策略会让作为家长的你得到成长。我们建议一开始时只尝试少量的策略。没有必要按照顺序去练习：从一个看上去容易一些的开始。试着在你和孩子交流互动的方式中建立它们。按照你的喜好，每周仅选择其中一条，留意到是什么影响了你和家人关系和交流方式的变化。

1. **说出你真正的想法**：学会识别出你真正想要的，并且让他人知道是什么。当你阐明自己的立场的时候，你会变得更果断、自信，能够为自己和孩子建立起更加清晰的指引。练习说，"我真正想的是……"以及"我最想要的是……"

2. **说"不"没问题**：留意到当你实际想说不的时候却说了好。练习允许自己觉知到你需要的是什么。说"不"是没有问题的，不需要始终试着取悦他人。

3. **用积极的方式解决冲突**：学会接纳家庭中有一些冲突是正常的，也是必需的。与其避免或者从中抽离，练习把你调解的技巧带到冲突中。

事实上，这次是
我选的餐厅。

123

4. **醒过来！** 觉察到你利用类似电视的方式分散注意力，从而从你需要做的事情中抽离出来。你拖延地越久，你就会给自己带来越多的压力，因为任务总是在积累着。看上去不是那么重要的事情会变得紧急，接着会让你有麻痹和被淹没的感觉。练习增强你对抽离的觉察力——停止这个习惯，把任务或者决定放回你的首要任务清单中。

5. **注意到你的能量层级：** 对你的能量负责任，觉察到什么时候你感到枯竭。这种情况下，练习增加你的能量：变得果断，认识到你的情绪（可能是愤怒），这会帮助你增加你的能量。

6. **行动：** 学会准时把事情完成，意识到有一些压力是可以的，而且可以帮助你变得更清晰。选择一些需要完成的任务或者需要作出的决定，告诉你自己："现在……就行动！"

7. **建立你自己的界限：** 开始意识到你融入孩子们的生活、通过他们而过自己的生活的时候。了解你的期待，清晰你的界限，用这种方式来鼓励你的孩子发展独立性。

父母共同养育

很多"专家"都强调父母或者伴侣之间统一的养育方式的重要性。当父母们对孩子成长所必需的以及家庭动力中的重点方面上有异议的时候，冲突就会产生。

现在应该能够很清晰地看到这些冲突都是情有可原的——对不同养育风格的偏好。就像我们看到的，一个类型的家长认为非常重要的点可能在另一个类型那里却是无足轻重的。当冲突出现的时候，父母双方都难以知晓他们应该让步还是坚持自己的立场。

例如，一位第一型的母亲可能坚持要保持家中的整洁，也期望他们的孩子要"行为端正"，尤其是在公司里的时候。这对家庭来说是有压力的，并且当这位母亲试图让孩子们做她所要求的事并且按照她的期望行事的时候，她的焦虑感就会升起来。如果这个家庭中的父亲是第九型的话，冲突可能还会进一步恶化。因为他最想要的是一个没有冲突的环境，所以在他看来这些问题可能不值得大费周章。他可能会完全地抽离出去，不会支持他的妻子，抑或甚至阻碍她试图到达的目的，告诉她放松点，让孩子们自己来。明显，这样的情形会让孩子们从父母那里接收到矛盾的信息，这也绝不是一个统一方式的案例！而这仅仅是不同九型类型的父母间可能出现的挑战的一个例子。

正因为我们很难（也是可以理解的）总是和伴侣的意见一致，所以理解对方的人格类型会是很有意义的。九型人格在这里就很有效地展示了每种类型父母在他们养育方式中的思想动机、感受和行为。

对你自己的类型有深度的觉察并带着理解你伴侣类型的意愿有利于创造一种更加统一的养育方式。正如我们在前文中指出的，发展你的情感智慧包括找到和他人共同工作的方式并且有能力识别、理解并管理你自己的情绪。

了解你伴侣的人格类型，对他们来说什么是重要的，有利于缓和因为不同观点所带来的问题。你可能会理解到为什么有些东西对你的伴侣来说是非常重要的，这样你就会选择去显示出同理心，支持他们的方式。下一次，他们可能也会看到一些对你来说非常重要的东西，愿意用同样的方式来支持你。当你在共同养育中运用九型的时候，很

有用的一个表现就是不应该认为你的伴侣"错了"，因为他们和你看待事情的方式不一样。

当然，这也涉及到妥协的程度。如果父母一方总是坚持他们的方式就是最好的方式，从不愿听取对方的观点，这会在父母之间产生怨愤和冲突，这些情绪也会流淌到孩子那里。带来的风险可能是一方父母不愿意再共同养育孩子。我们鼓励父母双方都去探索他们的九型类型，阅读对方类型的内容。这将会给你带来些关于对方的动机以及为什么你们会这样行为的新看法。

单亲养育

单亲养育会有些特别的挑战，尤其是在前任伴侣总是干扰你的养育风格的时候。也可能会有另外一个伴侣，继父/母、祖父母或者保姆参与到孩子的养育中。关键点是我们无法控制其他人的行为，也无法改变他们。借由聚焦在做出你自己的"线上"（健康的）决策，你也许能够在没有冲突的情况下教育或者影响其他养育者。我们只对自己的行为负责。

探索

第三步

释放孩子的潜能

开锁

开锁

释放你孩子潜能的九把钥匙

　　每个孩子出生时都有着他们的秉性——他们性格的一个方面来自于受精时的基因编码。随着他们参与到环境和后天养育中，大部分情况下，孩子的整体性格都会发展。最终，在大约10到15岁的时候，孩子的九型人格主型就确定了，并不再会改变。但这绝不意味着他们对世界的回应和他们的行为被"锁定"了。根据他们受压力的大小和自我超越的层次（例如：他们对某个压力做出回应的能力），这些在他们一生中都是在变化着的。正如我们在第一步中提到的，当一个人（一个孩子、青少年或者成人）在经历着压力，但是没有自我觉察或是自我超越来识别并应对压力，他们通常都会呈现出有损他们幸福感的不恰当行为。

　　为了支持并引导我们的孩子发展成为有志青年，我们需要认识到人类是一个复杂的系统并且帮助他们建立出自我觉察和自我超越。当然了，关于这个话题可以再写一本书了。但是为了不让这变得太复杂些，我们将会向你介绍九把（项）释放你孩子潜力的钥匙（关键）。虽然每把钥匙都对应着九型人格中的一个类型，但它们适用于所有类型。它们是宇宙通用的法则——每当他们呈现出来或是被良好管理的时候，都能显著的促进孩子生存并在世界上茁壮成长的能力。九把钥匙中的每一把对发展"整体"的孩子都是至关重要的。发展并培养九个关键特质能辅助你的孩子茁壮成长，换言之，获得最高程度的幸福感。

　　养育是个多方面的工作。它可能是最具挑战性的工作之一，也是你拥有过的回报最大的工作。我们相信这些是作为父母的你，在支持你孩子成长、发展、快乐与幸福中能够下功夫的九个领域。

如何使用九把钥匙

　　这些年来，随着我们发展了父母教练的业务，我们设计并改进了九把钥匙以作为简单而有效的行动计划。当你阅读这九把钥匙的时候，你会看到里面都有一些针对强化每把钥匙的练习。每把钥匙里面都会有针对作为家长的你设计的活动，练习它们并且每过一段时间就把它们加入到你的行动中去。我们建议你从第一把钥匙开始，然后渐渐地按照顺序去培养九把钥匙。每几个星期都花些时间暂停一下，回顾一下你都是怎么做的？你的孩子都有些什么样的回应？

大部分的建议都是关于你——父母的，帮助你找到支持你孩子茁壮成长的新方式。关键是"你和孩子做了什么"，而不是"你对孩子做了什么"。

就算你还未找到自己的九型人格教养性格类型，你也可以马上开始体验九把钥匙，这些关键点能够为你提供和孩子建立紧密连接的新方式。

你如何培养这些关键点很大程度上取决于你孩子的年龄，你的家庭风格，当然，还有你的性格类型。采用灵活的方式去培养这些关键点并同时观察都发生了些什么。享受这条在家庭中建立新习惯的旅程吧！

第一把钥匙：发展成熟的相互尊重

尊重这个词被解释为"用特殊考虑后的方式或者高度尊敬的方式去对待"。我们看到应得的这个词并没有出现在释义中。每个人从出生开始就值得被尊重；这是所有人都需要也想要的。尊重某个人是对他们存在的认可。我们有很多种和孩子讨论尊重的方式。尊重会从我们的言辞、身体语言和我们的关注中流露出来（见后面的第二把钥匙）。而不幸的是，在当今的社会中许多人认为就凭自己是成年人所以理应受到尊重。要记住如果你尊重对方，对方同样会尊重你。

强化这把钥匙的练习

A. 发现优点：列出孩子身上让你尊重或者佩服的优点。把他们获得的成就抛开，他们身上有什么特定的优点使得你尊重他们？当你和孩子在一起的时候用词语去描述这些特质，少关注一些他们实际获得的成就，更多的去关注他们本身的优点或者特质。

B. 把你的注意力转换到你孩子做的很棒的一些事情以及他们所使用

开 锁

到的优势或者特质上。接着有意识地告诉他们，你是多么的尊重、羡慕或者欣赏他们的这些优势。在接下来的几个星期里至少每天做一次。一天结束后，安静地坐下来问问自己这一天里关于他们的优势，你都是怎样使用"尊重"这个词的？对你和孩子产生的结果是什么？

C. 鼓励在家庭中探讨关于原则、公平、正义以及尊重秩序的问题。

第二把钥匙：培养深度聆听

聆听的解释是"集中精力、认真地听；为了听而靠得很近"。我们可以通过主动地聆听而不是简单地被动回应来想孩子传达我们在听你说的话。注意力需要在孩子身上和他们所说的东西上，而非试着要给他们建议。实际上他们可以通过把问题说出来从而自己找到解决的方法。当他们感到自己被聆听、被理解的时候，成熟的尊重就被发展了，他们也因此感到被爱、被欣赏，感到分享对他们来说重要的东西是安全的。这也能帮助他们感到和你有连接，和你发展了一段温暖、相互信任的关系。反过来，你的孩子也能学会深度、聚焦地聆听他人并表现出对他们的关心——一项非常重要的生活技能。

强化这把钥匙的练习

A. 聆听你的孩子，不要试图解决他们的问题。他们说话的时候不要打断他们，并且练习不带批判或评论地聆听他们。"闭上嘴巴听"。

B. 任何可能的情况下，只要你的孩子想要和你说话，就停下自己在做的事情。全神贯注于你的孩子并练习聆听，从他们的角度去理解他们真正想要表达的意思。

C. 从你繁忙的日程表中抽一些时间出来，这样你才能够不受打扰地陪伴孩子。你可能需要关闭你的手机和其他所有的设备！帮助他完成家庭作业或者就是聊会天。再次提醒，集中注意力去聆听，不是修复或者解决问题。通常的情况是，在大声表达的时候，孩子有能力处理他们脑子里想的东西。

第三把钥匙：认识到所有的潜力

很多学校都有表达为展现最好的自己而努力这个意思的警言。对孩子来说，要发掘他们的天赋和潜能，首先需要让他们对自己感觉良好并且拥有较高的自尊。鼓励你的孩子增强他们的技能是一种健康的、自然的教养方式。然而这可能会过度，对孩子的鼓励可能被他们视为唠叨、施压、逼得太紧。永远要注意你是否保持了平衡。

强化这把钥匙的练习

A. 和孩子讨论目标。帮助他们去思考新的机会。让他们看到事情可能的发展以及如果他们达到了目标会有怎样的感受。用他们需要的方式去支持他们。避免为你的孩子规划人生——这会造成依赖或者抵抗，而且没有考虑他们对生命独特的希望和梦想。定期地展开针对未来以及孩子愿景的讨论。

B. 努力让孩子对自己感觉良好。开始转变你身上的以及投注在孩子身上的骄傲感。用"我尊重你为了成绩而付出的努力。"替代"我为你得到'A'而骄傲。"运用你在第一把钥匙中看到的力量。找到一种认可孩子们为这个家庭所作出贡献的方式。

C. 鼓励你的孩子去探索他们的天赋，变得更加有创造力。了解他们的兴趣，尤其是当这些兴趣和你的兴趣不一样的时候。当他们尝试新事物的时候，保持开放与灵活性。给他们机会去展示他们凭借自己的能力都能做些什么。

第四把钥匙：发展认同与欣赏

孩子和成人一样，需要有人能够理解他们和他们的感受。你的孩子需要欣赏自己。这会让他们真正地去了解到自己个人化的存在。当他们感受到被欣赏的时候，他们会知道你在支持他们，他们也能学会如何欣赏他人、欣赏这个世界。

建构父母与孩子关系的一个基本点就是爱。几乎所有的家长都爱着他们的孩子。但是这份爱往往没有用一种孩子能够感受得到的方式

开锁

被表达出来。表达欣赏能够帮助父母有效地满足孩子对爱的情感需要并"加满他们爱的油箱"（这个油箱常常都是枯竭的）。最好的表达感激的方法之一就是使用孩子的"爱的语言"。对孩子有五种基本的爱的语言，下面有对它们的一个简单介绍，由作家及关系专家盖里·查普曼博士提出。探索到你孩子主要的爱的语言，你会找到最有效地加满他们爱的油箱的方式。

五种爱的语言

当一个孩子想要被爱的时候很容易看出来的。但是如何传递信息又完全是另一码事了。再加上明显的时代代沟，很多父母和孩子在涉及到类似爱的情感问题是都有沟通上的障碍。盖里·查普曼博士和罗斯·坎贝尔博士所撰写的《孩子的五种爱的语言》以及盖里博士所撰写的《青少年的五种爱的语言》对分析孩子爱的语言以及有效地表达他们的情感都是很有价值的工具。孩子需要感受到父母对他们的爱是一份美妙的礼物，但如果用错误的"语言"的话，孩子总是不能很好的感受到这份爱。然而，如果你能够使用正确的语言，改变将会是巨大的。下面将会简述孩子的爱的五种语言。

陪伴

陪伴是给予你孩子全然的注意力；比如，和他们一同散步，玩桌游或看体育赛事。

礼物

不要把爱的语言物质化了。接受礼物的人喜欢的是礼物背后的爱、关心和努力——而不是礼物金钱的价值。一份礼物是爱看得到摸得着的代表。它不需要是贵重的。

赞美之言

一些孩子的确需要听到类似"我真的很感激你的帮助"和"谢谢你把洗碗机里的碗拿出来"这类的话语。如果这是你孩子主要的爱的语言，你需要留意不要把他们的帮助视为理所当然。

身体接触

一个真诚的拥抱或者在他们的肩膀上揉一下都会让他们开心一整天。用身体接触的方式表达爱可以是梳理你女儿的头发或者陪你的儿子练拳击。

服务的行动

有些事情是你通常都不会为孩子们做的。比如，如果你的孩子是乘公车回家，你可以偶尔去接他们。还有教他们做一些事情，比如告诉他们如何检查轮胎的气或者带着他们一起做顿饭。

养育的现实是大部分家长都没有自然地说他们孩子首要的爱的语言。如果你不清楚你孩子首要的爱的语言是什么，可能是因为他们爱的"第二语言"也很有用。大部分都是这样。这个方法也可以运用在你生活的其他领域里。想想你和配偶、同事、上级的关系。在这些关系中如果你用他们首要的爱的语言来表达欣赏，你会感到很愉快、很惊讶。

强化这把钥匙的练习

A. 鼓励你的孩子去谈论他们的感受。通过告诉他们你的感受来做榜样。如果你感受到挫败或者悲伤，就直接说，在这里需要真诚。鼓励你的家人表达他们的情感，真正地去聆听并予以回应。

B. 留心不要把孩子的努力和贡献认为是理所当然。把"欣赏"这个词加入到你的字典中："我欣赏你……"学会欣赏孩子对这个世界独特的贡献。这可能意味着暂停你对他们的评价。

C. 下次你发现自己要告诉一个朋友或者家庭成员你的孩子有多棒的时候，有意识地提醒自己也要把这个告诉孩子。

D. 去网站上与你的孩子一起做测试：www.5lovelanguages.com/profile/

开锁

开锁

第五把钥匙：发展对自我和世界的理解

我们的孩子需要理解这是世界是如何运作的，它的法则与规则，以及他们如何找到自己在世界上的位置。这个世界变得越来越放纵、暴力，孩子们的生命中会受到许许多多的影响。通过提高你孩子的情感智慧，你将能够把他们培养成有着诸多良好品质的得体的人。

强化这把钥匙的练习

A. 在家庭聚会或是聚餐的时候，讨论你们家庭的价值以及这个家庭如何与其他家庭不同。鼓励讨论不同的见解以及尊重差异的重要性。

B. 培养学习氛围。鼓励好奇心，将知识扩展到家庭之外的领域中。参观城市的其他区域，去其他城市或者国家旅游，当你观察到其他人的不同时，带着开放的头脑去探索。

C. 帮助你的孩子识别出对他人的感受并发展一种用于建立同理心的敏感性。你可以使用以下方法：

· **事实**：陈述他们所说的事实（没有判断）。

· **影响**：解释关系以及对你产生的影响。

· **请求**：询问他们下一次愿意有些什么改变。比如："当你放大嗓门然后走开的时候，我感到不受尊重、被伤害。这让我下次不太可能再帮助你了。你下一次愿意用更加友善、尊敬的方式和我说话吗？"

第六把钥匙：发展归属感和责任感

为了让自己值得信任而负责任。我们需要让孩子做好准备，总有一天他们要学会管理自己的生活，鼓励他们承担更多的责任。如果你先让孩子去做某项家务的话，把他们叫到身边来，告诉他们如何做。花些时间和他们说说你的期待，同时脱掉义务的"帽子"（比如，"整理你的房间"对你来说意味着什么？）当设定了一项新的任务的时候，不要假设他们知道如何做，哪怕是很简单的任务他们也需要指导。记住也要使用第二把钥匙：停下来，听取他们的建议。完成家务"正确"的方式可能不止一种。通过让孩子承担责任，他们会看到自己是有价值的。这赋予了他们一种在家庭中的价值感和归属感。你的孩子需要理解他们是一个更伟大的整体中的一部分，他们能够给予这个家庭、团体、社会以支持，同时也能从中得到支持。

强化这把钥匙的练习

A. 达成协议是一个鼓励孩子变得更负责任的好方法。不要是用听起来是在下命令的语言，比如，"我想要和你达成一项协议"或者"我有一个要求"。清晰地表达要求并询问他们是否愿意接受。你可能需要和他们协商直到达成一致。然而，了解你的底线，当协议达成，相信你的孩子能够负责任，把事情完成。

B. 向孩子展示一项具体的任务，比如教他们使用洗碗机。你也许要考虑一步一步地把指示写下来，粘在洗碗机旁边，当你不在场的时候，他们能够自信独立完成。为他们的成功做好准备。

C. 和家人进行"家庭如何运作"的头脑风暴会议。大家都坐下来，准备一张纸，头脑风暴你们可以想到的让这个家庭良好运作的点子，比如购物、处理杂货、准备食物、布置餐桌、洗衣、叠被、烫衣服、倒垃圾、喂狗遛狗等等。清单列好了，就来勾选谁负责什么方面——通常妈妈都会做很多！按每周或者每月，谁负责干什么来执行，目标是为了分担责任。新的责任出现的时候家人需要达成一致。

第七把钥匙：发展独立性和回弹力

回弹力是指从逆境中恢复，回到正常的能力。要变得独立而有回弹力，我们需要学会如何适应变化。我们越早能够允许孩子们去探索并应对改变、失望、错误和学习，他们越早能够发展自身的回弹力与独立性。本质上来说，这意味着放下你的控制，鼓励孩子们去做自己的决定。有一些性格类型在这方面会相比而言更容易些。

开锁

强化这把钥匙的练习

    A. 从自己开始，看着镜子里的自己。你是如何为孩子们作出回弹力的表率的？整理下你是如何穿越改变的，孩子能够从你身上学习。把你乐观、积极、现实的能力更多地展现出来。

    B. 鼓励独立性。关注能够让孩子更担负责任并独立行动的机会。

    C. 当你的孩子向你表达了一个问题的时候，说类似这样的话语，"你选择什么？"或者"你的选择将会是什么？"选择可以是关于他们该想什么？做什么？说什么？通常来说是没有正确或者错误的答案的，所以请不要认为你需要为他们提供所有的答案。让你的孩子们去头脑风暴他们的选择——让他们对解决方法保持开放。

第八把钥匙：建立自信和授权

    建立一种权威感，授权孩子是发展自信并提高他们情绪健康度的关键。当今的父母想要他们的孩子获得一种内在的自信、勇气和力量来成功地战胜生活中的困难。这就意味着我们需要引导他们在童年时，当困难出现的时候需要变得坚毅，而这些困难是随时都在出现的——比如在他们追求梦想的时候被欺负、考试不过关、犯错误、失望。授权对孩子自信、自我价值和自尊的发展是至关重要的。你在逆境和挑战中是如何反应并教孩子们回弹的，这对他们自己的能力有着极大的影响。当你出在逆境或者失败中的时候，孩子们会观察你的语言和行为，他们的生命课程很早就开始了。你有很多机会去影响他们的思维，塑造一种积极的观念。

强化这把钥匙的练习

    A. 允许孩子们去做决定，去体验结果。提供选择是发展权威感的第一步。

    B. 通过鼓励孩子们去参与那些让他们离开舒适区的活动来增强他们的自信，认可他们的成就和成功。

开 锁

C. 欣赏孩子独特的观念，鼓励他们表达自己的想法和信念，不要做评价或批评。

第九把钥匙：有恒心且脚踏实地

在这个无常的世上，所有人都需要找到头脑的平静，稳定性和落地性。在生理、心理、情绪和精神上支持我们的孩子会帮助他们找到自己身上的那些品质。通过支持增加他们生活体验并培养他们潜能的兴趣来展示你对他们的关心。

年轻人要变得稳定而脚踏实地需要他们的父母放手并允许他们去找到自己的双脚。我们变成了一代直升机类型的父母，倾向于拯救而非支持。当我们的孩子犯错误的时候，又或者正在经历一段困难的时期，抵抗那种要去拯救他们的渴望。取而代之的是询问他们需要什么样的支持（不一定是来自于你的），接着允许他们自己去解决。你所提供的支持的种类和程度应该随着孩子越来越成熟而改变。

强化这把钥匙的练习

A. 列一张你在经济上、情感上、身体上、精神上以及智力上支持孩子方式的清单。留意需要更多支持的领域，心里想着你的孩子，建立你能够提供这些支持的方式。

B. 花些时间来陪伴你的孩子，鼓励有素质的对话。建立定期让孩子在没有大人或其他干扰的情况下外出的传统。这样的外出最少需要2~4小时，每个季度进行一次聚焦于反思的有趣的活动——不要带任何电子设备。

C. 把"支持"这个词加入到你们的对话中，让你的孩子知道你会在那里支持他们。直接地询问："你需要什么样的支持来完成/协助/做/解决……"当孩子诉说他们的需求的时候克制住不要去批判或者防御。保持注意力去倾听他们。

总 结

养育的旅程中充满了各种挑战与机遇，不仅对孩子，对家长们也是同样的。理解你的九型类型是加强在这段旅途中更深入地觉察以及更亲近的关系的好方法。然而，需要提醒的是：正如我们在第一步中所讨论的，你必须克制住标签化你的孩子，不要对他们有刻板的认识。当人们最开始探索九型的时候，的确会有试着给身边人贴号码的倾向。这可能会导致错误的判号，依据外在行为呈现而进行假设，而非探索内在的动机和这些行为的驱力。

当你阅读本书的时候，一项重要的工作就是探索并发现你自己的九型类型，对你自己作为父母有更好的理解。我们希望你会有很多"哈哈"和顿悟的瞬间……当你这么做的时候，要理解你将会和另外八种类型的人打交道——包括你的伴侣——而你的类型会和他们之间有着不同地交往方式，产生不用的影响。我们最终只能对我们自己的行为负责任。学习最大化我们的积极影响而最小化消极方面将会将我们带入最好的家庭关系。

去享受对自己和他们的探索吧！

参考书目及推荐读物

Baron, R & Wagele, E 1994, *The Enneagram Made Easy*. HarperCollins, NY.

Chapman, G 2010, *The Five Love Languages of Teenagers*. Northfield Publishing, IL.

Chapman, G & Campbell, R 1997, *The Five Love Languages of Children*. Northfield Publishing, IL.

Daniels, D & Price, V 2009, *The Essential Enneagram: The definitive personality test and self-discovery guide*. Revised and updated. HarperCollins, NY.

Howe-Murphy, R 2007, *Deep Coaching: Using the Enneagram as a catalyst for profound change*. Enneagram Press, CA.

Lapid-Bogda, G 2004, *Bringing Out the Best in Yourself at Work: How to use the Enneagram system for success*. McGraw Hill, NY.

Lapid-Bogda, G 2009, *Bringing Out the Best in Everyone You Coach: Use the Enneagram system for exceptional results*. McGraw Hill, NY.

Palmer, H 1991, *The Enneagram: Understanding yourself and the others in your life*. HarperCollins, NY

Rohr, R Ebert, A 1992 *Discovering the Enneagram: An ancient tool for a spiritual journey*. Crossroads, NY

Riso, D & Hudson, R 1999, *The Wisdom of the Enneagram: The complete guide to psychological and spiritual growth for the nine personality types*. Bantam Books, NY.

Riso, D & Hudson, R 2000, *Understanding the Enneagram: The practical guide to personality types*. Houghton Mifflin Company, NY.

Sterling, D 2008, *The Parent as Coach Approach*. White Oak Publishing, NM.

Wagele, E 1997, *The Enneagram of Parenting: The 9 types of children and how to raise them successfully*. Harper, CA.

Wagele, E 2007, *Finding the Birthday Cake: Helping children raise their self-esteem*. New Horizon Press, NJ.

Wagner, JP 2010, *Nine Lenses on the World: The Enneagram perspective*. Nine Lens Press, IL.

作者简介

特雷西·特里西德
Tracy Tresidder

特雷西的个人愿景是"慢慢的改变世界上的家庭"。她热衷于通过深入了解九型人格来帮助人们引导一种有意识的生活。

过去的13年，特雷西一直致力于作为大学教育者、教导者、演讲者和作者的工作，以帮助和支持个人及家庭度过生活中艰难的时光，以便他们能够体验更亲密和健康的关系。

在过去的11年里，她一直学习九型人格，受教于该领域世界上最好的老师。这帮助特雷西对自己有了更深层次的探索和理解，同时对她教导的客户也有了更深层的认识，尤其是父母及其青少年子女。

特雷西通过了解父母及其子女的九型人格风格，教导他们发展更多的意识。这有助于他们改善沟通和交流，并且发展彼此尊重、关爱和信任的人际关系。她还为公司举办沟通和领导研讨会，以提高意识并增强领导能力。这帮助参与者做出有意识的选择，以不同的方式与他人交流，同时达成他们想要的结果。

特蕾西和她的家人住在澳大利亚的悉尼，她的家人是：丈夫麦克、儿子亚当和本。

她的学历资格和获奖奖项包括：教育学士（BEd），教育硕士（MEd），大师认证教导（Master Certified Coach（MCC）），2009年国际教导联合（International Coach Federation（ICF））年度最佳教导（新南威尔士），国际教导联合（ICF）大洋洲前任主席，国际教导联合（ICF）评估员和成员，悉尼大学教导和指导协会（University of Sydney Coaching and Mentoring Association）成员，认证九型人格教师（Certified Enneagram Teacher（ESNT）），国际九型人格协会（International Enneagram Association）认可教师和专业会员。

玛格丽特·洛夫特斯
Margaret Loftus

玛格丽特是一位经验丰富的老师、顾问、精神导师、认证教导、研讨会举办人、作者和演讲者。她的专长包括与家长和青少年子女合作，加强人际关系，并就自我意识、自我管理和情绪成熟问题教导员工。

玛格丽特以九型人格的智慧，发展更好的个人洞察力和更深层的意识和个人理解。多年来，她受国际认可的教师培训。她的目标是让人们发现其真实的自我，其往往隐藏在表现的自我结构之下。这可以使人的本质性格才华苏醒，并促进个人转变。

在教育环境中，玛格丽特使用九型人格来提高情商，这在与教师、父母、青少年子女和年轻人一起工作时至关重要。作为一名够格且经验丰富的老师，玛格丽特认识到父母在渴望好好养育子女方面所面临的压力和问题。她非常热心帮助父母发展更深层的自我意识，这意味着与他们的孩子更真实和更亲密的关系。

玛格丽特的技能和见解也用于希望转变和转型的企业和组织。随着个人加深对他们自己和他人的了解，将改善人际关系和工作环境。

玛格丽特住在墨尔本，她嫁给了彼得，并有三个很棒的孩子：瑞秋、乔治和乔纳森。

玛格丽特的学历资格包括：教育学士（Bed），顾问咨询研究生文凭（Grad Dip Couns），精神指导，认证IV人生教导（ICF认证），神经语言程序学（（Neuro Linguistic Programming）NLP）执业者，国际九型人格协会（International Enneagram Association）专业会员和认证九型人格教师（ESNT）。

杰奎·波洛克
Jacqui Pollock

　　杰奎有无限的热情帮助人们发现自身最好的内在，因此他们可以帮助其他人做到最好。这是她工作的目的，她将带给澳大利亚的公司、学校和家庭。

　　杰奎是一名激励人心的研讨会举办人，公司领导和家庭教导，作者和演讲者。她帮助领导和家长增长情商，让他们足智多谋地应对富挑战性的人际关系的时刻。

　　在教育业内，杰奎举办研讨会，并教导学校校长和教育部高管。她帮助人们找到最好的自己，这样他们就可以领导和激励其团队和学生。杰奎在澳大利亚和亚洲，为全球和本地企业培训各种团队，从本科生到高级领导。

　　杰奎与父母和家庭广泛合作，支持他们建立亲密和真实的关系。她为父母和青少年提供讲习班和个性化的课程。杰奎将九型人格的智慧带入家庭，她认为，作为父母了解九型人格类型，可以帮助其从不同角度看待人际关系，并提供新选择，而不是依赖筋疲力尽的应对方式。

　　杰奎与她的丈夫杰克，还有他们的子女佐伊和弗莱德住在悉尼。

　　杰奎是一名商学研究生，受Coach U（ICF认证）专业培训的教导，神经语言程序学（NLP）的认证从业人员。她是国际教导联合（ICF）成员和国际九型人格协会的专业会员。